MARIA GIADA
SCOGEMELE

MASTER INVALSI

ITALIANO

VERSO LA PROVA NAZIONALE DI ITALIANO PER LA TERZA MEDIA

TRAMA

PRESENTAZIONE

Per la **Prova Nazionale di Italiano** somministrata alle classi terze della Scuola Secondaria di primo grado, TRAMA propone **MASTER INVALSI**, un percorso completo volto a preparare le studentesse e gli studenti alla prova ufficiale, sia dal punto di vista dei contenuti sia dal punto di vista delle modalità di verifica.

MASTER INVALSI è un kit che si compone di:

LIBRO con 8 prove complete di cui 2 ufficiali, una guidata e una semiguidata, proposte negli scorsi anni scolastici e commentate passo per passo;

SITO DEDICATO **www.masterinvalsi.it/italiano**
con le prove CBT (*Computer Based Tests*), da svolgere a computer.

UN PERCORSO IN 4 STEP

Il percorso di **MASTER INVALSI** in preparazione alla Prova Nazionale si articola in 4 step.

1. **PROVE AZZURRE:** Si parte con la **prova guidata**, che propone una prova ufficiale completa accompagnata da suggerimenti puntuali su come affrontare i diversi quesiti, per comprendere le richieste e ragionare fino ad arrivare alla risposta corretta.
   La seconda prova, **semiguidata**, raccoglie brani ed esercizi da più prove ufficiali, somministrate in diversi anni scolastici: si tratta di testi di diverso tipo e livello di difficoltà per permettere di esercitarsi nel modo più completo possibile. Con la prova semiguidata aumenta anche un po' la difficoltà: i suggerimenti aiutano a orientarsi e a comprendere le domande, senza però fornire le soluzioni.
2. **PROVE ARANCIO:** A partire da questo step, alunne e alunni devono svolgere autonomamente le prove, allenandosi ad affrontare le diverse tipologie di brani e le sezioni relative a lessico e grammatica. I brani proposti sono 3 per prova.
3. **PROVE VERDI:** I brani proposti diventano 4 per prova, in linea con le Invalsi somministrate a partire dal 2022.
4. **PROVE COMPUTER BASED:** L'ultimo step prevede le prove CBT (*Computer Based Tests*), vere e proprie simulazioni online, la tappa finale per familiarizzare con l'interfaccia delle Invalsi, avere conferma della propria preparazione e colmare le eventuali ultime lacune.

COME SONO ORGANIZZATE LE PROVE

A prescindere dal numero di brani proposti, tutte le prove sono costruite sul modello ufficiale Invalsi. Sono quindi divise in **tre sezioni** volte a valutare tre diversi ambiti della padronanza linguistica: la **competenza di lettura**, intesa come comprensione, interpretazione e valutazione del testo scritto; la **competenza semantico-lessicale**; le **conoscenze e competenze grammaticali**.

I quesiti posti sono di due tipi. Quelli **a risposta chiusa** comprendono la scelta multipla tra 4 alternative di cui una sola è corretta; la compilazione di tabelle in cui per ogni riga bisogna indicare una risposta sulla base di categorie prestabilite; la richiesta di stabilire corrispondenze, di riordinare diversi elementi secondo un criterio dato o, ancora, di inserire in spazi lasciati vuoti parole scelte da una lista proposta. I **quesiti a risposta aperta** possono avere risposta breve e univoca oppure più articolata e libera.
Vediamo ora più in dettaglio i contenuti delle tre sezioni.

1. LETTURA E COMPRENSIONE DEL TESTO

Questa sezione è costituita da tre o quattro testi di varia tipologia, di cui almeno uno narrativo. Oltre ai testi di tipo **narrativo**, si possono trovare testi **informativi** (o espositivi), **argomentativi**, **descrittivi**, **regolativi**... I testi si differenziano anche in base al formato: non sono tutti **continui**, cioè interamente verbali, organizzati in capoversi consecutivi ecc., ma possono essere **non continui** (come nel caso di grafici e tabelle) o **misti**, formati cioè da elementi continui ed elementi non continui.
I testi contenuti in questo libro sono tratti da varie fonti (libri, articoli di giornale, riviste online) e in alcuni casi adattati in modo da risultare **accessibili** agli studenti e alle studentesse di terza media. Molti dei testi proposti, inoltre, affrontano **argomenti previsti dal programma curriculare di Educazione Civica** delle scuole medie, che si potrebbero ritrovare anche nelle prove ufficiali. Queste letture si offrono anche come spunti di riflessione legati alla parte di programma di Educazione Civica da svolgere in classe nel corso dell'anno.

2. LESSICO

La sezione dedicata alla competenza semantico-lessicale propone una serie di quesiti indipendenti l'uno dall'altro, che indagano sia la quantità di parole o espressioni conosciute dai ragazzi e dalle ragazze, ovvero il patrimonio lessicale individuale, sia la capacità di riconoscere relazioni di significato tra le parole sia, infine, la capacità di operare distinzioni tra categorie relative alla formazione delle parole (parole semplici e complesse, primitive e derivate, alterate, composte...).

3. RIFLESSIONE SULLA LINGUA

Anche la sezione che riguarda in modo specifico le conoscenze e competenze di grammatica si compone di una serie di quesiti indipendenti l'uno dall'altro. In questo caso i quesiti riguardano ambiti quali l'ortografia, la punteggiatura, la morfologia e la sintassi della frase e del periodo.

Al termine di ogni prova gli studenti e le studentesse troveranno uno spazio dedicato all'autovalutazione e a una riflessione sulla propria preparazione.

Chiude il volume un agile **ripasso grammaticale**, con **mappe** da consultare per qualsiasi dubbio di analisi grammaticale, logica o del periodo.

Con questo percorso alle spalle, nel momento in cui dovranno svolgere le Prove Invalsi di Italiano studenti e studentesse si troveranno di fronte a un ambiente familiare in cui sapranno già come muoversi e cosa incontreranno: le premesse ideali per affrontare il test nel modo migliore.

SOMMARIO

PROVA 5

PROVA 6

PROVA 7

PROVA 8

LETTURA E COMPRENSIONE

Parte A - TESTO NARRATIVO

Leggi il testo e poi rispondi alle domande.

In questa prova, per ciascuna domanda troverai un suggerimento che ti aiuterà a ragionare: potrai così comprendere al meglio la richiesta, scartare le risposte sbagliate e dare quella corretta.

Il Balordo

Idee politiche il maestro Bordigoni si procurava il piacere di non averne; e se ne aveva, si negava il piacere di manifestarle.

Il fascismo a quei tempi badava solo a crescere e a fortificarsi; più tardi, verso il '28 o il '29, diventato esigente, si accorse del Bordigoni. Il maestro Cometta, fiduciario dell'Opera nazionale Balilla, un giorno lo avvicinò e cercò di fargli capire che il nuovo clima in cui doveva crescere la gioventù italiana esigeva dagli insegnanti una partecipazione attiva nel formare anche i più piccoli all'amore e alla devozione verso la patria fascista.

Il Bordigoni ascoltò, ora fissando attraverso le lenti il piccolo Cometta, ora guardandosi intorno con il suo sguardo che non vedeva nulla e sembrava rimandato indietro dalla concavità delle lenti a illuminargli la fronte. Ascoltò e non rispose.

Dopo qualche mese il Cometta lo condusse dal professor Bistoletti, fiduciario del partito per la classe insegnante, perché l'esortazione si trasformasse in un ordine perentorio. Il Bistoletti se ne lavò le mani e lo rinviò al segretario politico. Il segretario politico, che era alto quanto il Bordigoni ma molto più giovane e magro come un chiodo, quando se lo vide davanti lo prese in simpatia e gli parlò bonariamente, mettendogli le mani sulle spalle e avvicinandolo fino a sfiorargli la pancia.

«Camerata Bordigoni,» gli disse «tu sei dei nostri. E lavorerai con noi, non solo nella scuola, ma anche fuori. Domenica ti voglio qui in sede. Per me sei già iscritto al Partito.»

Ma il Bordigoni la domenica dopo dimenticò di andare in sede e a scuola non gli venne mai in mente di parlare del fascismo che probabilmente non sapeva neppure cosa fosse di preciso.

Finirono col dimenticarsi di lui. Il segretario politico si giustificò dicendo che il Bordigoni, in divisa e camicia nera, sarebbe stato ridicolo e avrebbe dato un'idea sbagliata del fascismo che era una cosa dinamica, agile e soprattutto giovane.

In verità sarebbe stato una caricatura; e fu la sua mole a salvarlo dai cortei, dai saluti romani, dagli alalà e dalle altre prescrizioni di quegli anni.

Con tutta la libertà di cui disponeva, e col tempo che la scuola gli lasciava per

molte ore del giorno e per tutti i mesi dell'estate, Anselmo Bordigoni poteva coltivare i suoi piaceri e incrementare i suoi guadagni mettendo a profitto due profonde conoscenze connaturate alla sua personalità: la pesca e la musica.
La pesca per lui era forse più un riposo e un capriccio che un espediente per integrare il suo salario di maestro elementare. Gli rendeva sì e no in un anno una cinquantina di pasti a base di agoni, persici e alborelle. La musica, invece, oltre ad essere la sua grande passione, gli serviva come mezzo di sussistenza.
Dava lezione di qualunque strumento, generalmente di flauto, di clarinetto o di cornetta a operai o barbieri con buona inclinazione, e di pianoforte a qualche figlio di famiglia. Le sue lezioni erano una o due al giorno; e le impartiva sul tardi, a pesca finita, diffondendo sulla chioma degli ippocastani, dalla finestra aperta, le note del piano o del clarinetto.
Dopo cena, alle otto in punto, andava a sedersi al pianoforte del Cinema Tiraboschi, sotto il bianco telone, con la schiena rivolta al pubblico. Attaccava subito a suonare mentre la gente entrava ancora, e si fermava solo dopo il primo tempo. Insieme al riaccendersi delle immagini sullo schermo riprendeva la musica, per sostare brevemente negli intervalli fra un tempo e l'altro, fino alla farsa finale. Cosa suonasse, nessuno era in grado di dirlo; ed era opinione comune che egli pestasse sui tasti come veniva, ispirandosi in qualche modo alle scene che vedeva succedersi sul telone, se pur gli era possibile vedere qualche cosa stando ai piedi della ribalta.

(da Piero Chiara, *Il Balordo*, Mondadori, 2020)

A1 In quale periodo storico si svolgono le vicende narrate nel testo?

- **A.** ☐ All'epoca del Risorgimento italiano.
- **B.** ☐ Durante la Prima guerra mondiale.
- **C.** ☐ Negli anni tra le due guerre mondiali.
- **D.** ☐ Nel secondo dopoguerra.

COME FARE

Per rispondere, cerca nel testo se ci sono delle date e fai riferimento alle tue conoscenze di storia: alle righe 3 e 4 si dice "verso il '28 o il '29" e si nomina il fascismo. Quindi devi escludere le risposte A e D (poiché nel Risorgimento il fascismo non esisteva ancora e nel dopoguerra non esisteva più) e anche la B, perché la Prima guerra mondiale è finita nel 1918. La risposta corretta dunque è la C.

A2 La frase "diventato esigente" (sottolineata alla riga 4) ha il soggetto sottinteso ed è implicita. Qual è il soggetto della frase? Scrivilo.

____

COME FARE

Per trovare il soggetto di questa frase cerca un sostantivo maschile singolare (come il participio "diventato"). Ricorda: il soggetto di una subordinata implicita è lo stesso della frase reggente.

A3 Il fiduciario dell'Opera nazionale Balilla vuole

A. ☐ far crescere la gioventù italiana in un modo nuovo e attivo.
B. ☐ iscrivere tutti gli insegnanti al partito fascista.
C. ☐ coinvolgere i maestri nell'educazione fascista dei ragazzi.
D. ☐ far partecipare anche i ragazzi più giovani alla rinascita dell'Italia.

COME FARE

Alle righe 6-8 il fiduciario (responsabile) sostiene che gli insegnanti devono "formare anche i più piccoli all'amore e alla devozione verso la patria fascista". Anche se le risposte A, B e D sono legate a questa affermazione, solo la C corrisponde esattamente alle parole del testo. Quindi è la risposta corretta.

A4 Indica quale tra gli esponenti del partito fascista nominati nel testo compie le azioni elencate nella prima colonna.

	il fiduciario dell'Opera nazionale Balilla	il fiduciario del partito per la classe insegnante	il segretario politico
a. Sollecita Bordigoni a condividere le nuove idee e a mettersi al servizio del partito.			
b. Coinvolge Bistoletti per dare più forza al suo tentativo nei confronti di Bordigoni.			
c. Non interviene e passa il caso al suo superiore.			
d. Tratta Bordigoni come se fosse già iscritto al partito.			
e. Giustifica il comportamento di Bordigoni con i superiori del partito.			

COME FARE

Devi fare riferimento alle righe dalla 5 alla 26. Le risposte corrette sono:

a. IL FIDUCIARIO DELL'OPERA NAZIONALE BALILLA, cioè il maestro Cometta, poiché nel testo si dice che "cercò di fargli capire che il nuovo clima in cui doveva crescere la gioventù italiana esigeva dagli insegnanti una partecipazione attiva";
b. IL FIDUCIARIO DELL'OPERA NAZIONALE BALILLA, poiché il testo dice che il maestro Cometta "condusse Bordigoni dal professor Bistoletti, fiduciario del partito per la classe insegnante, perché l'esortazione si trasformasse in un ordine perentorio";
c. IL FIDUCIARIO DEL PARTITO PER LA CLASSE INSEGNANTE (cioè Bistoletti): il testo dice che "se ne lavò le mani" (cioè non si interessò al caso) e "lo rinviò al segretario politico";
d. IL SEGRETARIO POLITICO, che chiama Bordigoni "Camerata" e gli dice "tu sei dei nostri";
e. IL SEGRETARIO POLITICO, che "si giustificò dicendo che il Bordigoni, in divisa e camicia nera, sarebbe stato ridicolo e avrebbe dato un'idea sbagliata del fascismo".

A5 **Rileggi il capoverso sottolineato nel testo (righe 33-36). Dal contesto, si può dedurre che "agoni, persici e alborelle" sono dei tipi di**

A. ☐ carni.
B. ☐ pesci.
C. ☐ verdure.
D. ☐ frutti.

COME FARE

Poiché il capoverso parla del passatempo di Bordigoni, che è la pesca, è facile capire che l'unica risposta corretta può essere la B.

A6 **Quale delle seguenti frasi può sostituire "se pur gli era possibile vedere qualche cosa stando ai piedi della ribalta"?**

A. ☐ Ammesso che gli fosse possibile vedere qualche cosa stando ai piedi della ribalta.
B. ☐ Dal momento che gli era possibile vedere qualche cosa stando ai piedi della ribalta.
C. ☐ Sebbene gli fosse possibile vedere qualche cosa stando ai piedi della ribalta.
D. ☐ Quando gli era possibile vedere qualche cosa ai piedi della ribalta.

COME FARE

Per rispondere, considera la congiunzione che introduce la frase, "se (pur)", qui usata con valore condizionale, cioè per introdurre un'ipotesi. Quale tra le quattro frasi proposte esprime un'ipotesi?
La frase B introduce una causa (dal momento che); la frase D, un'indicazione temporale (quando): la frase C ha un significato concessivo (sebbene). L'unica risposta corretta può essere dunque la A: "ammesso che" significa infatti "se per caso".

LETTURA E COMPRENSIONE
Parte B - TESTO MISTO

Leggi il testo e poi rispondi alle domande.

La scarsità dell'acqua

L'acqua è una risorsa naturale indispensabile per tutte le forme di vita e ricopre per oltre 2/3 la superficie terrestre. Tuttavia appena il 2,5% delle risorse idriche è costituito da acqua dolce, che è per lo più immobilizzata nei ghiacci polari e in quelli delle montagne e quindi solo in piccola parte è disponibile per la popolazione umana nelle falde sotterranee e nei fiumi. Sarebbe una quantità teoricamente sufficiente per tutta la popolazione del pianeta, ma oggi l'acqua in realtà è una risorsa sempre più scarsa. Infatti il consumo idrico mondiale aumenta sempre di più (di oltre 10 volte nell'ultimo secolo) e soprattutto sono esplosi i problemi dello sperpero e dell'inquinamento dell'acqua causati da: attività industriali, uso di sostanze chimiche in agricoltura, incremento della popolazione e delle città, crescente produzione di rifiuti e scarichi fognari.

Oggi circa 2 miliardi di persone vivono in Paesi con problemi di approvvigionamento d'acqua: in 26 Paesi africani e mediorientali, dove abitano 230 milioni di persone, scarseggia l'acqua. Entro vent'anni si prevede che altri 25 Paesi (alcuni dei quali europei) saranno nelle stesse condizioni. Attualmente il consumo medio per ogni abitante del globo è di 800 metri cubi l'anno. In realtà vi sono enormi differenze tra i consumi delle popolazioni dei Paesi ricchi e quelli dei Paesi poveri: uno statunitense consuma 600 litri di acqua al giorno, un europeo 300 e un africano solo 20. Più che alle differenti condizioni ambientali, dunque, l'ineguale consumo di acqua è legato al grado di ricchezza e allo stile di vita. Nei Paesi arretrati oltre 1 miliardo e 400 milioni di persone, infatti, non ha accesso all'acqua potabile e oltre 2 miliardi e 400 milioni non hanno i servizi sanitari in casa.

In molti Paesi poveri, inoltre, dove le risorse idriche sono gestite da grandi imprese multinazionali, l'acqua potabile è sempre più costosa e sta diventando un bene per pochi privilegiati. Si prevede quindi che nei prossimi decenni il calo di disponibilità di acqua e la tendenza a trasformarla in "oro blu", cioè merce molto costosa, farà aumentare, specie nelle aree meno sviluppate del pianeta, i contrasti sociali e i conflitti armati. A fronte di questa situazione problematica, nel 2002 il Comitato dei diritti umani, civili e sociali dell'ONU ha affermato che l'accesso all'acqua è un diritto umano universale.

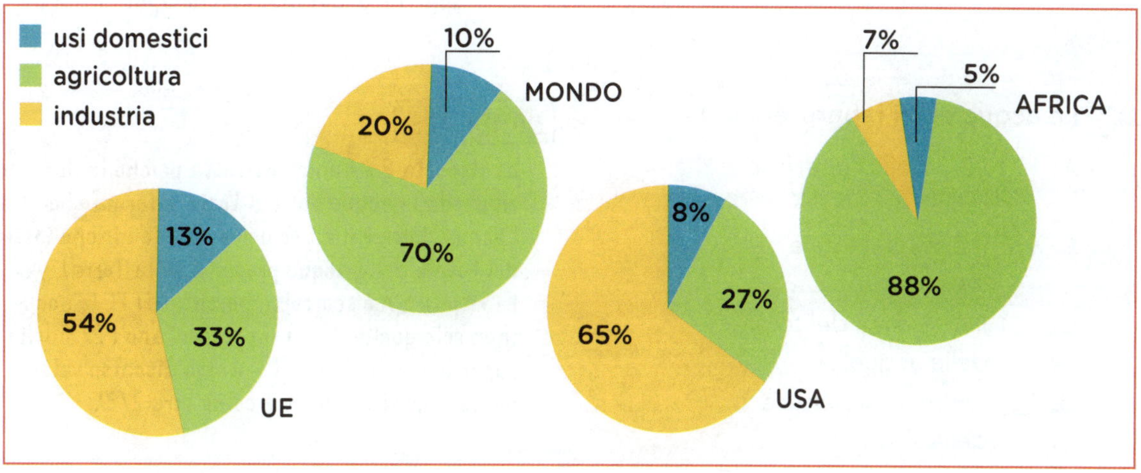

Figura 1: areogrammi che raffigurano destinazioni d'uso dell'acqua nel mondo e in alcuni Paesi.

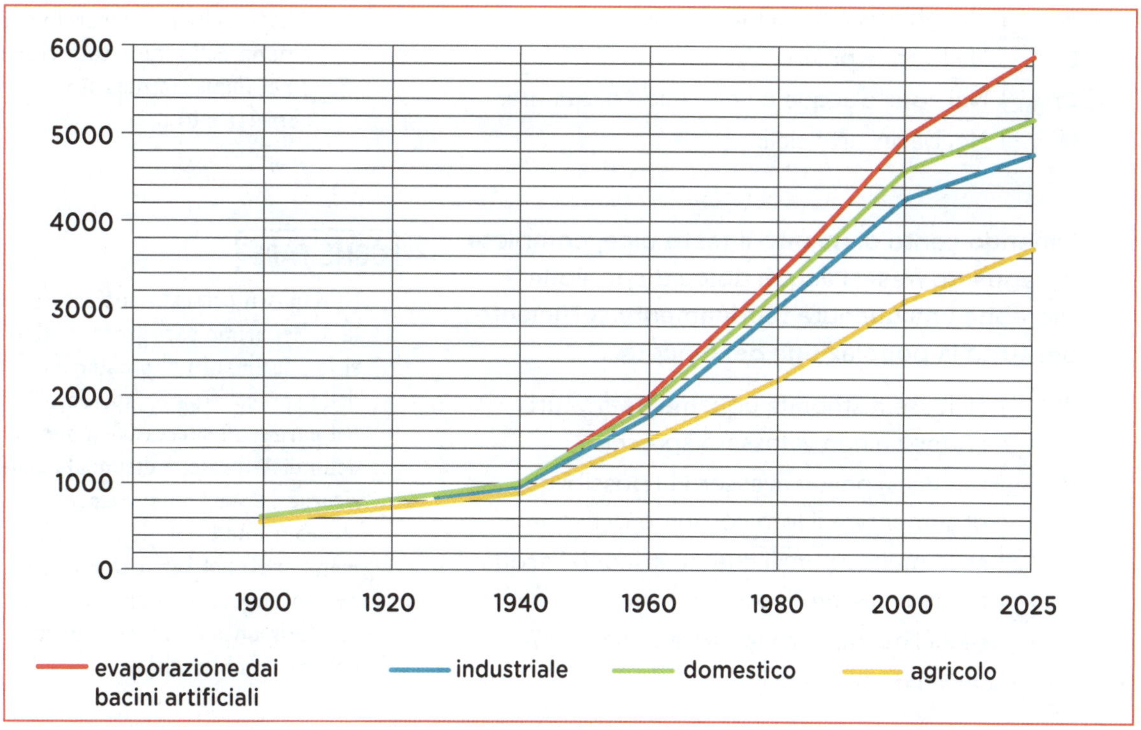

Figura 2: diagramma sull'aumento del prelievo mondiale d'acqua nel Novecento (m^3 per anno).

B1 **Nel primo capoverso del testo, quale espressione è usata come sinonimo di acqua?**

____

COME FARE

Leggendo il primo capoverso (sottolineato nel testo), alle righe 2-3 si trova: "appena il 2,5% delle risorse idriche è costituito da acqua dolce". "Risorse idriche" è sinonimo di "acqua", come avrai forse studiato in scienze, geografia o tecnologia.

B2 **Le acque dolci rappresentano**

A. ☐ i 2/3 della superficie della Terra.
B. ☐ il 2,5% del totale delle acque.
C. ☐ il 66% circa del totale delle acque.
D. ☐ 1/3 della superficie della Terra.

COME FARE

La risposta B è l'unica corretta poiché la domanda riguarda le acque dolci; il testo afferma che l'acqua dolce è il 2,5% delle risorse idriche (ossia del totale delle acque presenti sulla Terra).
La risposta A è scorretta perché TUTTE le acque (non solo quelle dolci) rappresentano i 2/3 della superficie della Terra. Lo stesso discorso vale per la risposta C (66% è come dire 2/3).

B3 **Dove si trova l'acqua dolce disponibile per il consumo umano?**

A. ☐ Nei ghiacciai delle montagne.
B. ☐ Nelle zone polari.
C. ☐ Nei corsi d'acqua e nelle falde acquifere.
D. ☐ Nei bacini artificiali.

COME FARE

Il testo afferma che l'acqua è "disponibile per la popolazione umana nelle falde sotterranee e nei fiumi": la risposta corretta è la C.

B4 **Tenendo conto di quanto il testo dice, completa la seguente frase: l'acqua dolce disponibile "sarebbe una quantità teoricamente sufficiente per tutta la popolazione del pianeta..."**

A. ☐ se fosse distribuita equamente fra tutti i popoli e non vi fossero sprechi.
B. ☐ se i Paesi poveri avessero la possibilità di aumentare il loro consumo di acqua.
C. ☐ se le multinazionali che gestiscono l'acqua ne diminuissero il costo.
D. ☐ se il clima delle zone calde della Terra divenisse più mite.

COME FARE

La risposta corretta può essere solo la A. Nel primo paragrafo infatti si fa riferimento al problema dello spreco (riga 9, "sperpero") e, nei paragrafi successivi, a quello della distribuzione disuguale delle risorse. La A è l'unica risposta che contiene tutti gli elementi menzionati nel testo; la B e la C ne contengono solo uno, la D invece fa riferimento a qualcosa di cui nel testo non si parla.

B5 Nei prossimi decenni, quanti saranno, presumibilmente, i Paesi che dovranno affrontare il problema della scarsità d'acqua?

A. ☐ 26
B. ☐ 25
C. ☐ 51
D. ☐ 230

COME FARE

Il testo afferma che oggi l'acqua scarseggia in 26 Paesi e che nei prossimi vent'anni altri 25 Paesi saranno nelle stesse condizioni. Per rispondere devi quindi fare la somma: 26 + 25 = 51. La risposta corretta è la C.

B6 Qual è la causa principale delle differenze nel consumo di acqua tra i vari Paesi del mondo?

A. ☐ Le diverse condizioni ambientali.
B. ☐ I modi di vivere e il grado di sviluppo economico.
C. ☐ L'inquinamento delle acque che le rende non potabili.
D. ☐ Le diverse abitudini igieniche.

COME FARE

Per rispondere considera le righe 19-21, dove si afferma: "Più che alle differenti condizioni ambientali, dunque, l'ineguale consumo di acqua è legato al grado di ricchezza e allo stile di vita". Va quindi esclusa la risposta A, mentre la risposta B è quella corretta. Le altre due risposte fanno riferimento ad altri punti del testo, in particolare alle cause (C) e alle conseguenze (D) della scarsità di acqua.

B7 Perché nel testo si usa l'espressione "oro blu" in riferimento all'acqua?

A. ☐ Il prezzo dell'acqua potabile è destinato a crescere nel prossimo futuro.
B. ☐ Come l'oro, sarà sempre più difficile estrarre l'acqua dal sottosuolo.
C. ☐ Il consumo d'acqua nei Paesi meno sviluppati diventerà pari a quello dei Paesi sviluppati.
D. ☐ Le guerre e i conflitti sociali renderanno difficile alle popolazioni approvvigionarsi di acqua.

COME FARE

La risposta corretta è la A: nell'ultimo capoverso si parla di aumento del costo dell'acqua potabile e della "tendenza a trasformarla in 'oro blu', cioè merce molto costosa". La risposta C indica una possibile causa di questo (che però non è menzionata nel testo), mentre la D una sua conseguenza (menzionata nel testo). La risposta B invece è scorretta perché il testo non parla della difficoltà di estrarre l'acqua dal sottosuolo.

B8 **Basandoti sulle informazioni date dalle figure 1 e 2, indica se le seguenti affermazioni sono vere o false.**

	vero	falso
a. A livello mondiale, l'acqua destinata agli usi agricoli rappresenta la percentuale maggiore.		
b. Nell'Unione Europea il consumo di acqua per usi domestici è superiore a quello per usi industriali.		
c. Nella seconda metà del Novecento il consumo di acqua è cresciuto allo stesso ritmo della prima metà del secolo.		
d. Nel diagramma di figura 2, si prende in considerazione tra le fonti del consumo di acqua anche una causa naturale.		
e. Nel 1960 il prelievo totale di acqua era pari a circa 2000 metri cubi.		
f. Gli Stati Uniti sono il Paese dove si fa il maggior uso di acqua per scopi industriali.		

COME FARE

a. Considera l'areogramma "Mondo" della figura 1: la percentuale maggiore è quella verde (70%), indicata in legenda come "agricoltura". Quindi l'affermazione è VERA.
b. Considera l'areogramma "UE" della figura 1: la percentuale gialla (industria) è al 54%, mentre quella blu (usi domestici) è al 13%. Quindi l'affermazione è FALSA.
c. Considera il diagramma della figura 2: tutte le curve si alzano in maniera molto più significativa a partire dal 1950 rispetto al periodo precedente. L'affermazione è FALSA.
d. Osserva la legenda della figura 2: la curva rossa rappresenta l'evaporazione dai bacini artificiali. Poiché l'evaporazione è un fenomeno naturale, l'affermazione è VERA.
e. Osserva la figura 2: nel 1960 la curva rossa da sola raggiunge i 2000 metri cubi: per ottenere il prelievo totale, va poi sommata a tutte le altre. L'affermazione è quindi FALSA.
f. Confronta gli areogrammi della figura 1: la parte gialla dell'areogramma "USA" (65%) è più grande rispetto a quella di tutti gli altri areogrammi. Quindi l'affermazione è VERA.

B9 **Nell'ultima frase del testo, come si può sostituire "A fronte di"?**

A. ☐ Vista questa situazione problematica.
B. ☐ Nonostante questa situazione problematica.
C. ☐ Oltre a questa situazione problematica.
D. ☐ Invece di questa situazione problematica.

COME FARE

Rifletti sul significato letterale di "a fronte di": "stando davanti/di fronte a". Potrai capire che la risposta corretta è la A.

B10 **Un Comitato dell'ONU ha dichiarato che "l'accesso all'acqua è un diritto umano universale". Che cosa significa l'espressione sottolineata? Per rispondere completa la frase che segue.**

L'acqua è un diritto ______________________

____

COME FARE

"Umano" significa "degli esseri umani, dell'umanità": "universale" significa "di tutti".

LETTURA E COMPRENSIONE
Parte C - TESTO INFORMATIVO

Leggi il testo e poi rispondi alle domande.

Dalla filosofia naturale alla scienza

Il padre della scienza moderna è lo scienziato pisano Galileo Galilei (1564-1642). Prima di lui altri studiosi, come Copernico e Keplero, avevano fatto scoperte importanti, ma fu Galileo il primo ad accompagnare alle scoperte l'enunciazione dei principi del metodo scientifico, detto anche metodo sperimentale. In base a questo metodo le leggi della natura devono essere indagate per mezzo di esperimenti e verifiche e non dedotte dalle Sacre Scritture o dai testi dei grandi filosofi del passato. Se un'affermazione non può essere verificata con un esperimento, essa non può essere accettata. Il metodo sperimentale prevede 4 fasi:

1. osservazione del fenomeno;
2. formulazione di un'ipotesi;
3. verifica sperimentale dell'ipotesi;
4. conclusioni: se l'ipotesi è confermata dagli esperimenti diventa una legge.

Nel trattato *Il Saggiatore* Galileo sostiene la necessità per lo scienziato di imparare a leggere la "lingua matematica" in cui si esprime la natura:

> *"[l'universo]... non si può intendere se prima non si impara a intender la lingua, e conoscere i caratteri, ne' quali è scritto.* ***Egli*** *è scritto in lingua matematica, e i caratteri son triangoli, cerchi, ed altre figure geometriche, senza i quali mezzi è impossibile a intenderne umanamente parola".*

Galileo Galilei avrebbe potuto essere un ottimo musicista come il padre Vincenzo e il fratello Michelangelo, invece divenne il padre della scienza moderna. Galileo fu un grande matematico, un inventore, uno sperimentatore, ma anche un fine liutista, un poeta e un critico letterario innamorato di Ariosto e del suo paladino Orlando.

Galileo era ironico, gaudente, a tratti depresso, polemico, e anche vendicativo, detestava la regola accademica pisana di indossare la toga, e se voleva stroncare un avversario era capace di farlo con un poemetto satirico. Un "brutto carattere" diremmo oggi.

Forse non sempre faceva davvero gli esperimenti che descriveva, come quelli sulla torre di Pisa; a volte descriveva risultati sperimentali più accurati di quelli realmente ottenuti. La grandezza di Galileo non va per questo ridimensionata. Galileo resta colui che ci ha insegnato che la matematica è il linguaggio in cui è scritto il libro della natura, e che ci ha spiegato il legame tra necessarie dimostrazioni e sensate esperienze, cioè tra teoria ed esperimento.

Galileo fu poi capace di richiamare l'attenzione dei contemporanei su alcuni problemi scientifici fondamentali, evidenziando le incongruenze del sistema di pensiero aristotelico. Per esempio le osservazioni di Galileo sulle irregolarità della superficie lunare, che facevano pensare alla presenza di un manto roccioso lunare, resero la Luna più simile alla Terra. Diversamente da quanto sostenuto da Aristotele, il Satellite terrestre non era fatto di una speciale materia incorruttibile. Da quel momento non si poté più tener distinte le questioni celesti da quelle terrestri.

Ciò che rende la fisica e in generale la scienza, così potente, è il fatto che una volta che abbiamo compiuto abbastanza esperimenti e misure siamo in grado di enunciare delle leggi; le leggi ci permettono di prevedere come si comportano anche oggetti che non possiamo osservare o non abbiamo ancora osservato. Possiamo prevedere con che velocità una mela cadrà a terra anche prima che si stacchi dall'albero, o quando passerà la prossima volta la cometa di Halley anche se al 2061 mancano ancora molti anni. Queste leggi sono espresse con equazioni matematiche: per dirla con le parole di Galileo, il grande libro dell'Universo è scritto in lingua matematica.

C1 Nella prima riga del testo si dice che Galileo è "il padre della scienza moderna" perché

A. ☐ si è ispirato alle Sacre Scritture.
B. ☐ ha derivato le sue teorie dalle opere dei grandi filosofi dell'antichità.
C. ☐ la fama delle sue scoperte ha superato quella di Copernico e di Keplero.
D. ☐ ha inventato il metodo sperimentale.

COME FARE

Per rispondere, rileggi le righe 1-4, in cui si spiega che Galileo ha enunciato i principi del metodo sperimentale, alla base della scienza moderna (risposta D). Devi escludere la A e la B, anche perché più avanti si legge che secondo Galileo le leggi naturali non possono essere "dedotte dalle Sacre Scritture o dai testi dei grandi filosofi del passato". Anche la C va esclusa perché non è stata la fama delle sue scoperte ad aver reso Galileo diverso da Copernico e Keplero.

C2 **Il dizionario riporta più significati per la parola "principio". Indica fra i seguenti quello con cui è usata nel testo (riga 4).**

- **A.** ☐ Inizio.
- **B.** ☐ Origine.
- **C.** ☐ Concetto fondamentale.
- **D.** ☐ Costituente base di una sostanza.

COME FARE

Rileggi la frase del testo e prova a sostituire la parola "principi" con il plurale di una di quelle proposte qui a fianco. Vedrai che l'unica risposta possibile è la C.

C3 **Qual è la condizione perché un'affermazione possa essere ritenuta accettabile sul piano scientifico? Per rispondere completa, con una sola parola, la frase che segue.**

Un'affermazione, per essere accettata, deve poter essere ________________ .

COME FARE

Vai alle righe 7-8, che contengono la frase a cui si riferisce la domanda: un'affermazione è accettabile se può essere "verificata con un esperimento". Siccome devi usare una sola parola, la risposta è "verificata".

C4 **Perché la parte di testo sottolineata alle righe 15-18 è scritta in corsivo? Per rispondere, completa la frase che segue (una sola parola per ogni spazio vuoto).**

È in corsivo perché

è una ____________________

tratta dal ____________________

di ____________________ .

COME FARE

La parte in corsivo indica che quelle parole sono state scritte da qualcun altro, e l'autore del brano le sta citando. Subito sopra, il brano parla di ciò che Galileo afferma nel suo trattato *Il Saggiatore*. Quindi il completamento corretto è: "È in corsivo perché è una citazione tratta dal *Saggiatore* di Galileo".

C5 **Il pronome "Egli", in grassetto nel testo, quale termine sostituisce?**

____

COME FARE

La domanda è difficile perché nella lingua di oggi non troveremmo "egli" ma "esso", visto che non indica una persona. Si riferisce al soggetto della frase precedente: "l'universo".

C6 **Secondo Galileo, qual è lo strumento essenziale per comprendere l'universo? Rispondi con una sola parola (senza farla precedere dall'articolo).**

____

COME FARE

In diversi punti del testo si ribadisce la convinzione di Galileo che l'universo sia scritto nel linguaggio della matematica. Quindi la risposta corretta è "matematica" (la domanda dice espressamente che non devi scriverla con l'articolo).

C7 **Nel testo Galileo è descritto con una serie di aggettivi. Due di essi sono riferiti a tratti della sua personalità che lo rendevano una persona con un "brutto carattere": quali? Scrivili qui sotto.**

____

____

COME FARE

Alla riga 24 si usano cinque aggettivi: ironico, gaudente, depresso, polemico, vendicativo. Tra questi devi individuare solo i due che identificano un "brutto carattere", che sono "polemico" e "vendicativo" ("depresso" ti può trarre in inganno, ma considera che una persona depressa non necessariamente si comporta in modo sgradevole).

C8 **Nella frase sottolineata alle righe 34-36, con quale altro connettivo si può sostituire "poi"?**

A. ☐ Inoltre.
B. ☐ Invece.
C. ☐ Infatti.
D. ☐ Dopo.

COME FARE

Per rispondere, devi chiederti quale di queste parole puoi usare al posto di "poi" senza modificare il significato della frase. La risposta corretta è la A, "inoltre", che come "poi" aggiunge qualcosa alle affermazioni precedenti. La D può trarre in inganno perché "dopo" è un sinonimo di "poi", ma solo quando "poi" ha un valore temporale.

LETTURA E COMPRENSIONE

Parte D - TESTO ARGOMENTATIVO

Leggi il testo e poi rispondi alle domande.

L'anello di Re Salomone - premessa

"Ciò che seminai nell'ira
crebbe in una notte
rigogliosamente ma
la pioggia lo distrusse.
Ciò che seminai con amore
germinò lentamente
maturò tardi
ma in benedetta abbondanza."

Peter Rosegger

Per scrivere sugli animali bisogna essere ispirati da un affetto caldo e genuino per le creature viventi, e penso che a me questo requisito verrà senz'altro riconosciuto. Ma ho voluto citare i bei versi di Peter Rosegger, perché questo libro è scaturito non solo dal mio grande amore per gli "animali", ma anche dalla mia ira contro i "libri" che trattano di animali. E devo riconoscere che se mai nella mia vita ho agito sotto l'impulso dell'ira, è stato proprio nella stesura di queste storie di animali.

Ma di che cosa mi adiravo? Delle molte storie di animali, incredibilmente false e cattive, che ci vengono offerte oggi in tutte le librerie; dei molti pennaioli che pretendono di parlare degli animali senza saperne un bel nulla. Chi scrive che le api urlano e spalancano le fauci, o che i lucci, lottando tra loro, si prendono per la gola, dimostra di non possedere neppur la più pallida idea dei caratteri di quegli animali, che pretende invece di avere direttamente e amorevolmente osservato. Se per compilare un libro sugli animali bastassero alcune informazioni delle esistenti società di allevatori, persone come Heck senior, Bengt Berg, Paul Eipper, Ernest Seton Thompson, o Wäscha Kwonnesin, che hanno dedicato tutta la vita alle ricerche sugli animali, sarebbero da considerarsi sciocche. Non si possono sottovalutare gli innumerevoli errori che queste irresponsabili storie di animali diffondono fra i lettori, e soprattutto tra i giovani, vivamente interessati a questo argomento.

E non si obietti che queste falsificazioni sono una legittima libertà della rappresentazione artistica. Certo, i poeti hanno diritto di "stilizzare" anche gli animali, come qualsiasi altro oggetto, secondo le necessità del processo artistico: i lupi e le pantere di Rudyard Kipling, il suo impareggiabile mungo Rikhi-tikkitavi parlano come gli uomini, e l'ape Maja di Waldemar Bonsels può esibire un comportamento non meno corretto e gentile del loro. Ma queste stilizzazioni sono permesse solo a chi conosce veramente l'animale. Anche gli artisti figurativi non sono tenuti a rappresentare le cose con precisione scientifica, ma guai a colui che non conosce l'oggetto che pretende di rappresentare, e che si serve della stilizzazione solo per mascherare la propria ignoranza!

Io sono uno scienziato, non un artista, e quindi non mi permetto nessuna libertà e nessuna "stilizzazione". Inoltre ritengo che queste libertà non siano affatto necessarie, e che sia molto meglio attenersi, come nei veri e propri lavori scientifici, semplicemente ai fatti, se si vuole dischiudere al lettore la bellezza del mondo animale. Le verità dell'universo organico si impongono infatti sempre più al nostro amore e alla nostra ammirazione e divengono sempre più belle quanto più profondamente si penetra in ogni loro peculiarità, ed è proprio insensato credere che l'oggettività della ricerca, il sapere, la conoscenza dei fenomeni naturali, possano far diminuire la gioia procurataci dalle meraviglie della natura. Anzi, quanto più l'uomo impara a conoscere la natura, tanto più viene preso profondamente e tenacemente dalla sua viva realtà. E in ogni buon biologo che sia stato chiamato alla sua professione dal godimento interiore che gli procurava la bellezza delle creature viventi, tutte le conoscenze acquistate attraverso la professione non hanno fatto che approfondire il godimento e l'amore della natura e del proprio lavoro. Per il campo di indagine cui ho dedicato la mia vita, cioè lo studio del comportamento animale, ciò vale ancor più che per ogni altro campo di ricerca nel mondo vivente: questo studio esige una dimestichezza così immediata con il mondo animale, ma anche una pazienza così disumana da parte dell'osservatore, che non basterà a sostenerlo il solo interesse teorico per gli animali, se mancherà l'amore che nel comportamento dell'uomo e dell'animale riesce a cogliere e constatare quell'affinità di cui aveva già da prima un'intuizione.

Oso dunque sperare che questo libro non mi venga distrutto dalla pioggia: ammetto infatti io stesso di averlo concepito nell'ira, ma quest'ira è frutto a sua volta del mio grande amore per gli animali!

Altenberg, estate 1949.
KONRAD LORENZ

(da Konrad Lorenz, *L'anello di Re Salomone*, Adelphi, 1989)

D1 **La parola "premessa" sottolineata nel titolo significa**

A. ☐ giustificazione.
B. ☒ introduzione.
C. ☐ previsione.
D. ☒ contrapposizione.

COME FARE

La parola "premessa" significa "cosa che è messa prima". Escludi quindi la risposta A e la D. Anche la risposta C è scorretta: leggendo il testo avrai capito che l'autore sta parlando di cosa l'ha portato a scrivere il libro, lo sta dunque introducendo. La risposta corretta è la B.

D2 **Qual è il senso della poesia di Peter Rosegger che apre il testo?**

A. ☐ L'amore e la rabbia sono i sentimenti che dominano i nostri comportamenti.
B. ☐ Un amore eccessivo per qualcuno può suggerire comportamenti sbagliati.
C. ☒ Solo le azioni che si compiono per amore e non per rabbia hanno un esito felice.
D. ☐ La rabbia è una cattiva consigliera e porta a compiere azioni di cui poi ci si pente.

COME FARE

La poesia è divisa in due parti, una riguarda la rabbia e l'altra l'amore, che vengono contrapposti e non associati. Questo esclude la risposta A. La risposta B e la risposta D riguardano uno solo dei due elementi. L'unica risposta che prende in esame sia la rabbia sia l'amore (e li contrappone) è la C.

D3 **L'autore mette tra virgolette la parola "libri" (sottolineata alla riga 14), per indicare che vuole riferirsi a**

A. ☐ tutti i libri che descrivono gli animali.
B. ☐ libri di animali scritti con interesse scientifico.
C. ☐ libri che trattano di animali scritti da lui stesso.
D. ☒ libri che trattano in modo errato di animali.

COME FARE

Il significato delle virgolette, in questo contesto, è dispregiativo: "libri" tra virgolette significa "libri per modo di dire, libri di poco valore", perché l'autore li considera scritti male e con poca serietà. La risposta corretta è dunque la D.

D4 L'autore espone alcuni motivi che lo hanno spinto a scrivere il libro *L'anello di Re Salomone*. Indica se i motivi elencati nella prima colonna corrispondono o no al suo pensiero, mettendo una crocetta per ogni riga della tabella.
L'autore ha scritto il libro perché

	sì	no
a. è irritato da coloro che scrivono di animali pur non conoscendoli.	X	
b. è preoccupato per ciò che i giovani potrebbero imparare leggendo storie di animali senza fondamento.	X	
c. è convinto che dedicare tutta la vita allo studio degli animali sia poco utile.		X
d. è stato ispirato dai versi di Peter Rosegger che parlano di animali.		X
e. è spinto da profondo amore e rispetto nei confronti degli animali che studia.	X	

COME FARE

a. Alle righe 18-19 l'autore se la prende con i "molti pennaioli che pretendono di parlare degli animali senza saperne un bel nulla": la risposta è SÌ.
b. Alle righe 26-29 l'autore esprime una preoccupazione riguardo ai giovani: la risposta è SÌ.
c. L'autore dichiara di essere uno studioso e amante degli animali, quindi ovviamente ritiene utile dedicare la vita a questo scopo: la risposta è NO.
d. La risposta è NO: la poesia non lo ha ispirato, l'autore l'ha semplicemente scelta perché esprime bene i sentimenti che lo hanno spinto a scrivere il suo libro.
e. L'autore dichiara più volte questo suo amore nel testo, per esempio alla fine quando afferma: "quest'ira è frutto a sua volta del mio grande amore per gli animali!". La risposta dunque è SÌ.

D5 Quale verbo utilizza l'autore col significato di "rappresentare qualcuno o qualcosa secondo un modello che semplifica o modifica la realtà"?

STILIZZARE

COME FARE

Prendi in considerazione le righe 30-39 : l'autore parla di come gli artisti modifichino e semplifichino, per le proprie necessità, la rappresentazione degli animali e mette tra virgolette il verbo "stilizzare". La risposta dunque è proprio "stilizzare".

D6 Inserisci nel testo che segue le parole o espressioni mancanti.
Attenzione: ci sono due parole in più.

anzi • ~~invece~~ • prima • ma • quanto più • anziché • ~~mentre~~ • tanto più

Konrad Lorenz afferma che MENTRE l'artista può concedersi delle libertà nel descrivere la natura, lo scienziato deve INVECE attenersi ai fatti. MA è sbagliato credere che l'indagine scientifica dei fenomeni naturali non permetta di apprezzare la bellezza della natura, ANZI questa bellezza diviene TANTO PIÙ evidente ai nostri occhi QUANTO PIÙ i fatti sono studiati e indagati.

COME FARE

Nel primo periodo si contrappone l'atteggiamento dell'artista a quello dello scienziato, quindi devi usare due congiunzioni che evidenzino tale contrapposizione: "mentre" e "invece". Nel secondo periodo, la prima frase è avversativa rispetto al discorso precedente, quindi hai bisogno di una congiunzione con quel valore (ma); anche la seconda frase è avversativa rispetto a quella che la precede, dunque devi scegliere un'altra congiunzione avversativa (anzi). L'ultima parte del periodo contiene due frasi che sono in correlazione l'una con l'altra, utilizza quindi due congiunzioni che le colleghino in tal senso: "tanto più" e "quanto più".

D7 A quale campo di indagine l'autore ha dedicato tutta la vita?

A. ☐ Lo studio comparato della biologia umana e animale.
B. ☐ La descrizione delle caratteristiche fisiche degli animali.
C. ☐ La comprensione dei rapporti tra uomo e animale.
D. ☒ Lo studio del comportamento degli animali.

COME FARE

Alle righe 54-55 trovi la risposta diretta a questa domanda, che coincide con la D.

D8 Perché il libro di Lorenz potrebbe essere distrutto dalla pioggia?

A. ☐ Perché accade che i manoscritti siano distrutti dagli agenti atmosferici.
B. ☒ Perché è stato scritto sulla spinta della rabbia.
C. ☐ Perché l'autore scrive stando all'aria aperta.
D. ☐ Perché le convinzioni che esprime potrebbero essere contestate.

COME FARE

Alla fine del brano l'autore si augura che il suo libro non "venga distrutto dalla pioggia" e ammette che "è stato concepito nell'ira": le righe 61-63 rimandano dunque alla poesia iniziale, che lega la rabbia all'azione distruttiva della pioggia (la pioggia è una metafora). La risposta è la B. La A e la C sono da scartare perché parlano di pioggia in senso letterale, la D fa riferimento a una possibilità di cui l'autore non parla.

Parte E - LESSICO

E1 Scrivi la parola che corrisponde alla definizione.

Buttarsi, lanciarsi in acqua:

T UFFARSI ____________ (verbo, inizia per T)

COME FARE

Rifletti: è un verbo riflessivo (come "buttarsi", "lanciarsi"). La risposta giusta è "tuffarsi".

E2 Nelle frasi che seguono manca la stessa parola, usata con significati di volta in volta diversi. Scrivi la parola mancante negli spazi corrispondenti.

- Durante la prova d'orchestra, il direttore ci ha fatto fermare alla settima NOTA.
- Il professore ha fatto una BATTUTA che ha provocato molte risate nella classe.
- Nel tennis, la BATTUTA deve essere eseguita dal giocatore fermo oltre la linea di fondo.

COME FARE

Le prime due frasi possono ingannare perché la prima parola che verrebbe in mente è "nota" (musicale nella prima frase, disciplinare nella seconda). Tuttavia la seconda frase suonerebbe strana, e la terza frase suggerisce invece che la parola corretta è "battuta".

E3 Indica se la parola sottolineata nelle frasi che seguono è usata:
- **in senso informale (registro basso);**
- **in senso neutro (registro standard);**
- **in senso formale (registro elevato).**

	registro basso	registro standard	registro elevato
a. Non capisci mai quello che dico! Cos'hai in quella zucca vuota?	X		
b. Stamattina mi sono alzato con un gran mal di testa.		X	
c. L'avvocato alzò fieramente il capo verso la corte e principiò la sua arringa.			X

COME FARE

Ragiona sul contesto: chi potrebbe aver scritto o detto ciascuna di queste frasi? In quale situazione? La prima è sicuramente pronunciata da qualcuno che ha molta confidenza con il suo interlocutore, quindi può ricorrere a un registro basso; la terza rimanda a un contesto professionale o letterario, quindi il registro è alto. La seconda si situa nel mezzo: registro neutro o standard.

Parte F - RIFLESSIONE SULLA LINGUA

F1 Indica in quale dei seguenti periodi il pronome "ne" si riferisce a un'intera frase.

A. ☒ Ieri gli Azzurri hanno vinto sulla fortissima Spagna con quattro gol di scarto, e naturalmente ne parlano tutti.

B. ☐ Mio fratello ieri ha visto il film che ha vinto il festival di Berlino e me ne ha parlato molto bene.

C. ☐ Parla sempre di musica pop, ma secondo me non ne capisce proprio niente.

D. ☐ La professoressa dice che i libri della serie di Harry Potter sono molto divertenti, ma io non ne ho letto nessuno.

COME FARE

In tre dei quattro periodi "ne" sostituisce solo un elemento della frase precedente: "il film" (B: mio fratello mi ha parlato molto bene DEL FILM), "la musica pop" (C: non capisce niente DI MUSICA POP), "i libri" (D: non ho letto nessuno DEI LIBRI di Harry Potter).
La risposta corretta è la A: se provi a sostituire "ne", otterrai "parlano tutti DEL FATTO CHE GLI AZZURRI HANNO VINTO", che è un'intera frase.

F2 Per ognuna delle seguenti situazioni comunicative indica quale tra le due frasi proposte è adatta al contesto.

1. Il tuo stendipanni si è rotto. Entri nel negozio e chiedi:
   - A. ☐ Buon giorno, vorrei lo stendipanni.
   - B. ☒ Buon giorno, vorrei uno stendipanni.
2. La mattina hai ordinato al tuo fornaio di tenerti da parte la tua pizza preferita. A pranzo vai al forno e dici:
   - A. ☒ Salve, sono venuto a ritirare la pizza.
   - B. ☐ Salve, sono venuto a ritirare una pizza.
3. Nella vetrina di un negozio è esposto un solo vestito rosso. Entri e chiedi:
   - A. ☒ Vorrei provare il vestito rosso che è in vetrina.
   - B. ☐ Vorrei provare un vestito rosso che è un vetrina.
4. Vuoi trascorrere una serata con i tuoi amici. Telefoni a una pizzeria e dici:
   - A. ☐ Buona sera, vorrei prenotare il tavolo per quattro persone.
   - B. ☒ Buona sera, vorrei prenotare un tavolo per quattro persone.

COME FARE

Rifletti sull'uso dell'articolo determinativo e indeterminativo. Ricorda che l'articolo determinativo (il, lo, la...) si usa quando il nome che accompagna è qualcosa di specifico o di già noto, mentre quello indeterminativo (un, uno, una, un') indica qualcosa di indeterminato, che non si conosce in precedenza. Nelle frasi 2 e 3 devi scegliere quindi l'opzione A, con l'articolo determinativo: "la pizza" e "il vestito" sono due cose specifiche e/o già note; nelle frasi 1 e 4 devi scegliere l'opzione B, con l'articolo indeterminativo, perché non vuoi qualcosa di specifico o che conosci già, ma "uno stendipanni" e "un tavolo" generici, tra molti uguali.

F3 **Per ognuna delle frasi nella tabella indica se il verbo è alla forma attiva o passiva.**

	forma attiva	forma passiva
a. I miei genitori vanno spesso alla fiera del libro.	X	
b. Mio fratello è convocato spesso per le partite in trasferta.	✓	
c. Questi moduli vanno spediti entro la fine del mese.		✓
d. Dalle Olimpiadi di italiano vengono esclusi gli alunni con un voto inferiore a sei.	✓	
e. Luigi è salito sul treno all'ultimo momento.		✓
f. Oggi pomeriggio vengono a trovarmi degli amici messicani.	✓	

COME FARE

Per rispondere, ricorda che un verbo è alla forma attiva quando il soggetto compie l'azione, e passiva quando il soggetto subisce un'azione che qualcuno o qualcos'altro compie su di lui/lei. Nelle frasi a, e, f i soggetti ("i miei genitori", "Luigi" e "degli amici messicani") compiono attivamente qualcosa: nelle altre frasi, invece, i soggetti ("mio fratello", "questi moduli" e "gli alunni") non fanno nulla attivamente ma subiscono un'azione.

F4 **Leggi la seguente frase:**

Maria ha ricevuto assieme a me il premio dell'amicizia.

Solo una delle seguenti affermazioni è vera. Quale?

- **A.** ☐ Il soggetto si trova alla fine della frase.
- **B.** ☒ Il soggetto non compie l'azione.
- **C.** ☐ Il soggetto è sottinteso.
- **D.** ☐ Il soggetto è un pronome personale.

COME FARE

Innanzitutto individua il soggetto, che è "Maria". Escludi quindi le risposte C e D: la parola "Maria" è presente nella frase e non è un pronome, ma un nome proprio. Si trova inoltre all'inizio della frase: escludi anche la risposta A. La risposta corretta è la B: "ha ricevuto" rappresenta un caso particolare di verbo attivo in cui il soggetto non fa (non compie) l'azione.

F5 **Indica in quale delle seguenti coppie le due parole che le compongono sono formate da un verbo + un nome.**

- **A.** ☐ Doposcuola, soprabito.
- **B.** ☒ Colabrodo, apripista.
- **C.** ☐ Fermoposta, monopattino.
- **D.** ☐ Pescecane, cassapanca.

COME FARE

Tutte le parole sono composte, tuttavia solo nella risposta B le due parti sono un verbo ("cola-" e "apri-") + un nome ("-brodo" e "-pista"). Nella risposta A trovi un avverbio/preposizione ("dopo", "sopra") + un nome; nella C un aggettivo ("fermo") e un prefisso ("mono") + un nome; nella D nome + nome (es. "cassa" + "panca").

PROVA 2 SEMIGUIDATA

LETTURA E COMPRENSIONE

Parte A - TESTO MISTO

Leggi il testo e poi rispondi alle domande.

In questa prova, per alcune domande troverai un suggerimento su come ragionare, come nella prova 1. Dovrai però arrivare tu alla conclusione e a dare la risposta corretta.

Demografia. Dove ci porterà l'aumento della popolazione

Secondo l'UNFPA, l'agenzia internazionale dell'ONU per lo sviluppo, il 31 ottobre 2011 è nato l'abitante numero sette miliardi del nostro pianeta. Si tratta di una data simbolica. Non è possibile, infatti, misurare con precisione l'evolvere della popolazione mondiale momento per momento, non disponendo di statistiche affidabili su tutti i Paesi, in particolare quelli in via di sviluppo. Ad ogni modo, l'evento ha stimolato il dibattito sul futuro della popolazione mondiale e sollecitato quesiti come il seguente: nei prossimi decenni il nostro pianeta sarà capace di sfamare, vestire e riscaldare una popolazione ancora più numerosa che mira ad avere standard di vita sempre più elevati?

Prima di azzardare una risposta, ripercorriamo brevemente l'evoluzione della popolazione mondiale. Nei primi millenni di storia dell'umanità la crescita

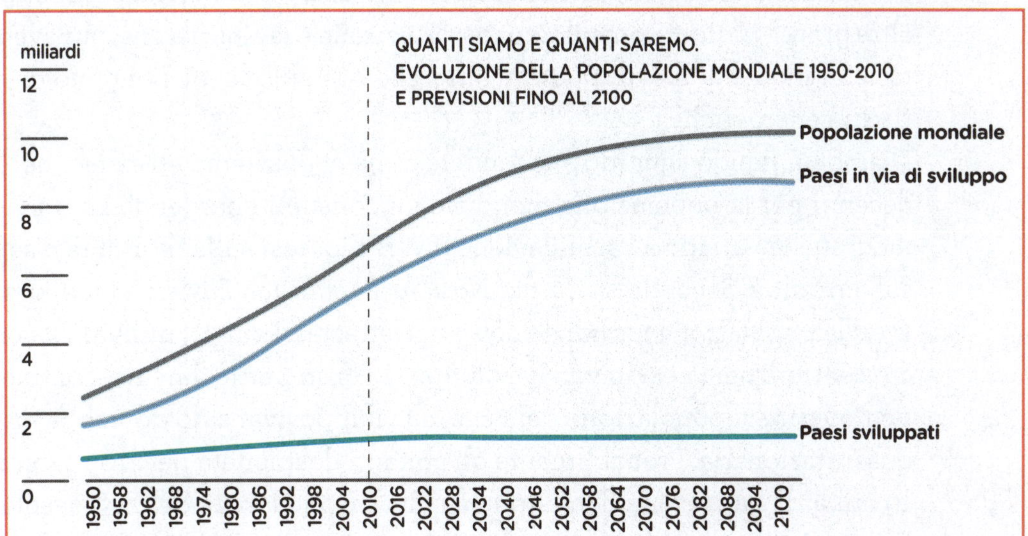

Fonte: United Nations, Population Division, 2011

demografica è stata molto lenta: il miliardesimo abitante nacque intorno al 1800 ma bastò solo un altro secolo per toccare quota due miliardi. Nel XX secolo, la crescita demografica è stata inizialmente ancora più rapida e all'inizio degli anni Sessanta la popolazione mondiale ha toccato il suo terzo miliardo. In seguito, ogni 12-13 anni si è avuto un aumento di un ulteriore miliardo, fino ai sette miliardi odierni.

Con l'aumentare della popolazione mondiale è ovviamente cresciuto anche il consumo di energia, ma con modalità ben differenti da un Paese all'altro, legate soprattutto al tenore di vita dei singoli contesti. Attraverso un indicatore come l'impronta ecologica, introdotto da Mathis Wackernagel, ambientalista fondatore dello *Human Footprint Institute*, è possibile valutare con approssimazione la sostenibilità del consumo di risorse naturali complessivo e da parte di ogni singolo Paese. In sintesi, l'impronta ecologica misura di quanta superficie, in termini di terra e acqua, una popolazione ha bisogno per produrre, con la tecnologia disponibile, le risorse che consuma e per smaltire i rifiuti prodotti.
Basandosi su questo indicatore, *l'Ecological Footprint Atlas 2010* sostiene che, a partire dalla metà degli anni Ottanta, l'umanità sta vivendo al di sopra dei propri mezzi rispetto all'ambiente e che attualmente la domanda annuale di risorse è superiore di un terzo a quanto la Terra riesce a generare ogni anno. Ad oggi, oltre l'80% della popolazione mondiale vive in Paesi che utilizzano più risorse rispetto a quelle disponibili all'interno dei loro confini. Tra questi abbiamo gli Usa, la Cina e l'India, quasi tutti gli stati europei, tutti i Paesi della sponda sud del Mediterraneo e del Medio Oriente. Molti Paesi (loro malgrado) "virtuosi" si trovano, invece, nell'Africa subsahariana e in Sudamerica, cui si aggiungono altre grandi nazioni come il Canada, l'Australia e la Russia, che, pur avendo adottato un modello di sviluppo tutt'altro che sostenibile, dispongono di immense risorse energetiche.
Diamo un rapido sguardo alle tendenze che ci possiamo attendere nei prossimi decenni per la popolazione mondiale e i consumi energetici. Le previsioni demografiche variano a seconda delle diverse ipotesi sulla mortalità e soprattutto sulla natalità. Secondo la *United Nations Population Division* (vedi grafico), nel 2050 la popolazione mondiale dovrebbe attestarsi sui 9,3 miliardi. La crescita si concentrerà nei Paesi in via di sviluppo (Pvs), in particolare nel continente asiatico, mentre la popolazione dei Paesi a sviluppo avanzato dovrebbe mantenersi quasi stazionaria. Probabilmente gli abitanti del pianeta nel 2100 saranno più di 10 miliardi. La crescita demografica nella seconda metà del XXI secolo dovrebbe perciò rallentare notevolmente, soprattutto grazie alla graduale diminuzione delle nascite nei Pvs.

Per quanto riguarda i consumi energetici, secondo *l'International Energy Agency*, nel 2010 si è avuta una crescita del 5% nella domanda globale di energia primaria. In base alle previsioni dell'Agenzia, tra il 2010 e il 2035 la domanda di energia crescerà di un terzo. Il 90% dell'incremento sarà determinato da Paesi non appartenenti all'OCSE[1], cioè da Paesi in via di sviluppo la cui economia è attualmente in rapida crescita. In particolare la Cina, che è oggi il primo consumatore mondiale di energia ed è destinata in prospettiva a rafforzare il suo primato. Se ci si basa sulle tendenze attuali di crescita della popolazione e soprattutto dei consumi, il sovrasfruttamento ambientale sembra destinato inevitabilmente a inasprirsi nei prossimi decenni e la risposta alla domanda che ci siamo posti all'inizio non potrà che essere negativa.

1. **OCSE:** Organizzazione per la Cooperazione e lo Sviluppo Economico.

A1 Qual è l'argomento del testo?

A. ☒ Le previsioni sull'andamento dei consumi energetici nel mondo.
B. ☐ La sostenibilità della crescita demografica e dei consumi in futuro.
C. ☐ L'evoluzione dei Paesi in via di sviluppo.
D. ☐ Il differente ritmo di sviluppo tra Paesi orientali e occidentali.

COME FARE

Per rispondere a questa domanda, devi considerare tutto il testo nella sua interezza. Di che cosa parla? Qual è la domanda fondamentale che ti pone? Leggi con attenzione il titolo e le righe 5-9.

A2 Perché nel testo si afferma che il 31 ottobre 2011 è "una data simbolica"?

A. ☐ In quella data è nato il miliardesimo abitante della Terra.
B. ☐ Quella data ha segnato l'inizio di un dibattito sul futuro dell'umanità.
C. ☒ Per convenzione è considerata come la data in cui la popolazione mondiale ha raggiunto i sette miliardi.
D. ☐ Da quella data le risorse della Terra non sono state più sufficienti a nutrire tutti i suoi abitanti.

COME FARE

Per rispondere, leggi attentamente le prime due righe del testo dove si cita la data del 31 ottobre 2011.

A3 Osserva attentamente il grafico. La linea tratteggiata verticale ha la funzione di

A. ☐ segnalare il punto in cui la popolazione mondiale ha cominciato a crescere più delle risorse disponibili.
B. ☐ separare i dati sull'evoluzione della popolazione mondiale dalle previsioni sulla sua crescita futura.
C. ☐ rendere più leggibile la distanza che separa i Paesi sviluppati da quelli in via di sviluppo.
D. ☒ mettere in evidenza il 2010 come l'anno di svolta nell'evoluzione della popolazione mondiale.

COME FARE
Leggi attentamente il titolo e il sottotitolo del grafico e guarda in corrispondenza di quale anno si trova la linea verticale.

A4 Basandoti sul grafico, rispondi alla seguente domanda: quali Paesi hanno contribuito maggiormente all'incremento demografico nel periodo dal 1950 al 2010?

____

COME FARE
Per rispondere, devi osservare le differenze tra le tre curve rappresentate nel grafico.

A5 Osserva il grafico e completa le due affermazioni che seguono, indicando ogni volta l'alternativa corretta tra le tre scritte in corsivo.

Dal 1950 al 2050 circa, la popolazione dei Paesi più sviluppati tende a

☐ *aumentare* / ☒ *restare stabile* / ☐ *diminuire*;

nonostante ciò, la popolazione mondiale registra un

☐ *decremento* / ☐ *lieve incremento* / ☒ *forte incremento*.

COME FARE
Per rispondere, osserva nel grafico la curva della popolazione dei Paesi sviluppati e quella della popolazione mondiale.

A6 L'aggettivo "ulteriore", usato nel testo in riferimento a "miliardo" (riga 16), significa

A. ☐ altro.
B. ☒ successivo.
C. ☐ intero.
D. ☐ ultimo.

COME FARE
Sostituisci ciascuno di questi aggettivi a "ulteriore" e vedrai che solo con uno di essi la frase ha ancora senso.

A7 Il testo lega al fenomeno dell'aumento della popolazione un altro fenomeno. Quale?

- **A.** ☒ Il miglioramento del tenore di vita.
- **B.** ☐ La diminuzione della mortalità.
- **C.** ☐ La disuguaglianza tra i diversi Paesi.
- **D.** ☐ L'incremento dei consumi di energia.

COME FARE

In genere le domande seguono l'ordine del testo. Dopo la frase a cui si riferisce la domanda A6, il testo parla proprio di un fenomeno associato all'aumento della popolazione.

A8 Osserva questa immagine e poi completa il testo che segue utilizzando le parole elencate sotto (fai attenzione: due sono in più).

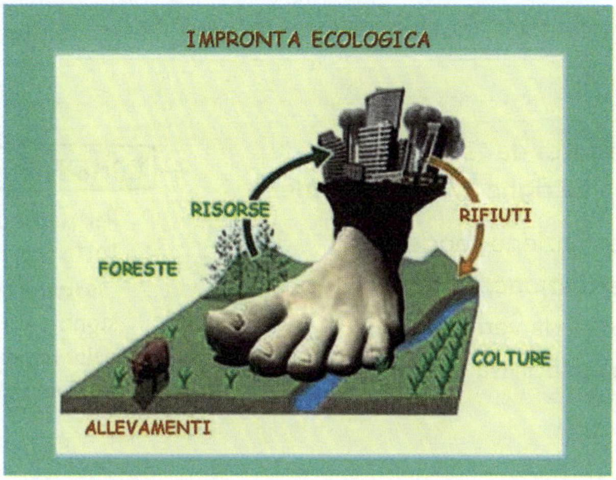

http://greenreport.it/web/archivio/show/id/12612

ambiente • esemplare • dimensione • impatto • letterale • metaforico • popolazione • sfruttamento • risorse • squilibrio

La parola "impronta", nell'espressione "impronta ecologica", è usata in senso ________________ ; l'immagine invece corrisponde al suo significato ________________ . L'impronta è infatti quella che il piede dell'uomo incide sul territorio e allude all' ________________ da questi esercitato sull' ________________ .
La sproporzione tra la ________________ del piede e l'area calpestata rappresenta lo ________________ tra ________________ e ________________ .

COME FARE

Per completare correttamente il testo, rileggi la spiegazione che riguarda l'indicatore dell'impronta ecologica (la trovi a partire dalla riga 20) e confrontala con l'immagine.

A9 **In base al testo, indica quali elementi vengono considerati per calcolare l'impronta ecologica in un dato territorio. Metti una crocetta per ogni riga.**

	sì	no
a. area del territorio	X	
b. caratteristiche climatiche		X
c. consumo di risorse		X
d. sviluppo tecnologico	X	
e. trattamento dei rifiuti	X	
f. mortalità infantile		X

COME FARE
Anche in questo caso per rispondere devi analizzare la parte di testo che contiene la spiegazione dell'impronta ecologica (righe 20-26).

A10 **La frase introdotta da "sostiene che..." (sottolineata alle righe 27-30) esprime**

A. ☐ una convinzione soggettiva.
B. ☐ un'affermazione fondata su dati.
C. ☒ un'ipotesi da verificare.
D. ☐ un'idea condivisa da molte persone.

COME FARE
Per rispondere, rileggi con attenzione tutto il periodo che contiene l'espressione "sostiene che" e rifletti sulla differenza di significato tra i diversi termini contenuti nelle risposte: "convinzione soggettiva", "affermazione", "ipotesi" e "idea".

A11 **Quale delle seguenti espressioni <u>non</u> può sostituire "pur avendo adottato..." (sottolineato alla riga 36)?**

A. ☐ Sebbene abbiano adottato.
B. ☒ Benché abbiano adottato.
C. ☐ Nonostante abbiano adottato.
D. ☐ Purché abbiano adottato.

COME FARE
Di che tipo sono le congiunzioni contenute nelle risposte? Tre hanno valore concessivo (come "pur"), una invece è condizionale.

A12 **Nel testo si dice che molti Paesi dell'Africa subsahariana e del Sudamerica sono virtuosi loro malgrado (righe 34-35). Ciò vuol dire che sono virtuosi**

A. ☐ a loro piacimento.
B. ☐ contro il loro stesso interesse.
C. ☐ per loro responsabilità.
D. ☒ indipendentemente dalla loro volontà.

COME FARE
Rifletti sul significato della parola "malgrado", che è una congiunzione concessiva (risponde alla domanda "nonostante cosa?").

LETTURA E COMPRENSIONE

Parte B – TESTO NARRATIVO

Leggi il testo e poi rispondi alle domande.

Prima della classe

Ero la prima della classe. Le altre bambine mi mettevano in tasca, di nascosto, dei torroncini o dei "coccetti", e cioè delle piccolissime pentole o padelle di coccio. Ma io sapevo che esse non mi amavano e facevano tutto per interesse, affinché io suggerissi e lasciassi copiare i compiti. Nessuna meraviglia, del resto, perché io stessa non mi amavo.

Avrei voluto essere brava in ginnastica e nei giochi, essere grassa e colorita come Marcella Pélissier. L'anima mia si protendeva disperatamente verso tutti coloro che, grassi e coloriti, erano bravi in ginnastica e nei giochi. L'anima mia, nera d'orgoglio e di sprezzo, era in realtà quanto esiste di più avvilito. Io facevo poesie con le rime, che venivano recitate da ragazzini scornati e lamentevoli nelle feste scolastiche. La direttrice mi presentava al pubblico dicendo: «Signori, devo premettere che le poesie che udirete sono state composte dalla bambina qui presente, e non esito a riconoscere, con intensa emozione, che siamo dinanzi a un genio». Io m'inchinavo, pallidissima, lanciando sguardi lampeggianti di superbia alle modeste compagne. Vedevo i ginocchi delle mie compagne sporchi di terra, i graziosi polpacci rossi di Marcella Pélissier, e me stessa lontana da tutti, in un'ombra nera e piena di lampi, un fenomeno della creazione. Mia madre raccontava, traboccante di legittima baldanza, che all'età di due anni e mezzo, girando intorno alla tavola, avevo composto il mio primo poema in versi sciolti. Ed io covavo un empio rancore contro di lei, che aveva partorito un simile prodigio.

Se credevano di adularmi, con quel rispetto e quelle mosse, come se io fossi stata la vicedirettrice, si sbagliavano. E se mi domandavano: «Che farai da grande?» sperando di sentirsi rispondere: «Farò poemi», commettevano un errore ancor più grossolano. Difatti, ad una simile domanda, io dispettosa rispondevo: «A te che te ne importa?».

Ancora due cose mi distinguevano dalle altre, cingendomi di un'aureola e additandomi al rispetto universale. La prima era che, da piccola, avevo avuto il giradito. Per questo l'unghia del mio pollice sinistro non era liscia e ovale come le altre, ma pressoché quadra, dura come pietra e tutta striata di bianco. Tutta la scolaresca ammirava quell'anomalia, molte mi chiedevano umilmente di toccarla col dito. Oltre all'anomalia, c'era un'altra cosa e cioè che, quando mi veniva la febbre, avevo l'incubo. Mia madre girava stravolta, con vesciche piene di ghiaccio, e diceva piano: «Elsa ha l'incubo». Subito i miei fratelli si precipitavano al mio lettino, con viso compunto[1]. Ma sentendo la mia voce rauca gridare: «Sì, Dio, perdonami e conterò tutti i grani di granoturco nei sacchi. Andate via, formiche, via, migliaia. Aiutami, Dio», e vedendomi slargare le dita nel vuoto e sbarrare gli occhi, si guardavano fissi sbottando a ridere. Sapevano che non si doveva, ma era inevitabile. Mia madre diceva: «Vergogna, disgraziati», ed essi in preda ad ilarità furiosa si buttavano per terra e si davano pugni. Questo non esclude che il mio incubo fosse oggetto della generale ammirazione. «Com'è?» mi chiedevano le compagne. E di me si diceva con importanza, a bassa voce: «Ha un incubo».

Nella mia classe eravamo tutte femmine col grembiule bianco, fuorché il figlio della maestra, che era maschio col grembiule turchino. Il cognome della maestra, per una gentile coincidenza, era Amore, cosí che egli sul grembiule portava ricamato a punto erba il cognome Amore. Era grassoccio, corto di gambe, con occhi lucenti e neri, le guance rosse e la testa tutta pelata, perché aveva avuto le croste. Tutte le alunne gli facevano sorrisi, e, come a figlio di maestra, gli empivano le tasche del grembiule di torroncini e di matite. Ma lui a tutte quante preferiva me. La cosa più dolce era che il motivo della sua predilezione non era il fatto che io fossi un genio, e nemmeno che avessi il giradito e l'incubo. Aggiungerò anzi che egli pareva per natura issato in una sfera ben superiore, in cui tali cose non valevano affatto, ed erano guardate soltanto con una gioviale benevolenza. Il motivo dunque era tutt'altro, e me lo rivelò il giorno in cui guardandomi con lucente occhio arguto e toccandomi estatico mi disse: «Che bei riccetti che hai». Tutte assumevano nel parlarmi un'aria saccente, e con me discorrevano solo di compiti, di madri e di padri, lasciandomi sempre sola fuori dei loro frivoli capannelli. Ma Amore mi si confidava su cose umane: mi magnificava, ad esempio, la marmellata di sua nonna, ed altresí me ne offriva. Mi guardava e diceva: «Come sei pulita», rapito, ridacchiando. E mi prendeva per mano andando in su ed in giù e una volta perfino, in segno di estrema amicizia e affabilità, mi carezzò la guancia.

Che Dio benedica Amore. Non so come, sentivo oscuramente che costui, dal mio pianeta deserto e corrusco[2], mi riconduceva per vie segrete alla terra.

(da Elsa Morante, *Racconti dimenticati*, Einaudi, 2002)

1. **con viso compunto**: con viso afflitto, triste.
2. **corrusco**: fiammeggiante.

B1 **Perché le compagne mettevano piccoli regali in tasca a Elsa?**

A. ☐ Per ottenere un vantaggio personale.
B. ☐ Per dimostrare la loro gratitudine.
C. ☐ Per dar prova della loro amicizia.
D. ☒ Per manifestare la loro ammirazione.

COME FARE

Leggi attentamente le righe 1-4 per comprendere bene il contesto.

B2 **L'espressione "Nessuna meraviglia" (sottolineata alla riga 4) a che cosa si riferisce?**

A. ☒ Al fatto che Elsa lasciasse copiare i compiti.
B. ☐ Al fatto che Elsa fosse la prima della classe.
C. ☐ Al fatto che le compagne non amassero Elsa.
D. ☐ Al fatto che Elsa si trovasse "coccetti" nelle tasche.

B3 **Nella tabella che segue sono elencati alcuni dei motivi che facevano sentire Elsa diversa dagli altri. Indica quali. Metti una crocetta per ogni riga.**

	sì	no
a. Avere l'unghia del pollice sinistro rovinata.	X	
b. Soffrire di incubi.	X	
c. Avere dei fratelli maleducati e sciocchi.		X
d. Avere i capelli ricci.		X
e. Essere magra e pallida.	X	
f. Avere una mamma orgogliosa di lei.		X

COME FARE

Tieni presente che nel brano Elsa parla di questi aspetti di sé utilizzando due espedienti:
1. dice chiaramente che alcuni particolari la "distinguono" dagli altri;
2. esprime il desiderio di avere certe caratteristiche, dichiarando implicitamente che non le ha (per esempio, se affermi "Anna vorrebbe avere gli occhi azzurri come li ha Maria", può significare che Anna si sente diversa da Maria perché, evidentemente, non ha gli occhi azzurri).

B4 **Il personaggio di Marcella Pélissier nel testo ha la funzione di**

A. ☐ rievocare l'immagine di una vecchia compagna di classe.
B. ☐ farci capire che nella classe di Elsa c'erano bambini più ammirati di lei.
C. ☒ rappresentare un modello che tutte le ragazze avrebbero voluto imitare.
D. ☐ rappresentare quello che Elsa non era e che avrebbe voluto essere.

B5 **L'autrice afferma che provava un "empio rancore" contro la madre. Qual era la colpa che le attribuiva?**

E UNA RABBIA SILENZIOSA

____

COME FARE

Per rispondere, tieni presente che il "rancore" è una rabbia silenziosa, che l'autrice cova verso la madre perché, a suo parere, ha fatto qualcosa che lei sente come sbagliato.

B6 **Ricopia due frasi del testo da riga 14 a riga 25 che fanno capire come la piccola poetessa si comportasse in modo poco amabile.**

1. ______________________________
2. ______________________________

B7 **L'autrice usa, parlando di sé, una serie di espressioni ("fenomeno della creazione", "prodigio", "aureola") che possono sembrare esagerate o fuori luogo. Lo fa perché**

- A. ☐ vuole fare dell'ironia su se stessa quando era bambina.
- B. ☐ vuole sottolineare che era stata una bambina molto amata.
- C. ☐ vuole mostrare che anche da bambina aveva un ricco vocabolario.
- D. ☒ vuole far capire che da bambina aveva una grande stima di sé.

COME FARE

Per rispondere, devi considerare il tono di tutto il brano: che tipo di opinione ha l'autrice di se stessa? Positiva o negativa?

B8 **La contraddizione fondamentale in cui si dibatte Elsa è quella tra**

- A. ☒ il risentimento verso la mamma e l'affetto per lei.
- B. ☐ il desiderio di essere simpatica e il non riuscire a esserlo.
- C. ☐ la paura degli incubi e il compiacimento per la rarità di questa esperienza.
- D. ☐ la coscienza della sua superiorità e l'aspirazione a essere come gli altri.

COME FARE

Prima di rispondere, cerca sempre di comprendere bene la domanda: in questo caso "contraddizione fondamentale" indica due sentimenti contrastanti provati dalla piccola Elsa che, per tutto il brano e con diversi esempi, l'autrice continua a ribadire. Alcune delle risposte indicano sentimenti che Elsa effettivamente prova, ma che sono parte di una contraddizione più ampia e generale, quindi attenzione a non confonderti: sono risposte corrette ma parziali, e quindi vanno scartate!

B9 I fratelli avevano verso gli incubi di Elsa un atteggiamento contraddittorio. Completa la frase qui sotto, copiando dal testo le parole da cui emerge questa contraddizione.

I suoi fratelli prima ______________________________

ma poi ______________________________

COME FARE

Per rispondere, rileggi bene le righe che riguardano questo piccolo episodio (dalla 31 alla 39).

B10 "Tutte assumevano nel parlarmi un'aria saccente" (riga 55) significa che le compagne parlando con Elsa

A. ☐ dimostravano un grande rispetto nei suoi confronti.
B. ☐ si davano delle arie.
C. ☐ sfoggiavano un sapere e degli interessi che non avevano.
D. ☐ avevano un'aria annoiata.

COME FARE

Se non sai cosa significa "saccente", ragiona sul contesto: di che cosa parlano Elsa e le compagne? Perché?

B11 Perché le compagne parlavano con Elsa "solo di compiti, di madri e di padri" (sottolineato alle righe 55-56)?

A. ☐ Pensavano che a lei interessassero solo questi argomenti.
B. ☐ Volevano sembrare mature agli occhi della maestra.
C. ☐ Volevano dimostrarle di essere sue amiche.
D. ☐ Erano in grado di parlare solo di argomenti semplici e familiari.

B12 Che cosa significa l'espressione "frivoli capannelli" (sottolineata alle righe 56-57)?

A. ☐ Noiosi discorsi fatti in un piccolo gruppo.
B. ☐ Gruppetti in cui si parlava male delle compagne.
C. ☐ Stupidi giochi fatti in un piccolo gruppo.
D. ☐ Gruppetti in cui si parlava di argomenti superficiali.

COME FARE

Per rispondere, considera anche le righe precedenti, nelle quali l'autrice ha parlato, in contrapposizione ai "frivoli capannelli", degli argomenti di conversazione con le compagne.

B13 Qual è il senso della frase "egli pareva per natura issato in una sfera ben superiore, in cui tali cose non valevano affatto..."?

A. ☐ Amore era per natura cordiale e benevolo verso tutti.
B. ☐ Amore dava importanza a cose diverse da quelle che contavano per gli altri.
C. ☐ Amore era sempre sulle nuvole e sembrava estraneo alla realtà che lo circondava.
D. ☐ Amore si sentiva al di sopra dei comuni mortali.

B14 **Gli aggettivi elencati sotto si trovano nel testo da riga 50 a riga 59. Due di questi aggettivi sono sinonimi. Quali? Sottolineali.**

arguto • gioviale • estatico • rapito

B15 **Amore si comportava verso Elsa in modo diverso da tutti gli altri perché**

- **A.** ☐ si sforzava di far uscire Elsa dal suo isolamento.
- **B.** ☐ benché Elsa fosse un genio, la trattava con superiorità.
- **C.** ☐ era attratto dall'aspetto di Elsa e con lei parlava di cose di tutti i giorni.
- **D.** ☐ benché fosse colpito dal talento eccezionale di Elsa, non lo dava a vedere.

B16 **Quale di queste frasi tratte dal testo fa capire perché Amore ha avuto un ruolo decisivo per Elsa?**

- **A.** ☐ "Tutte le alunne gli facevano sorrisi, e, come a figlio di maestra, gli empivano le tasche del grembiule di torroncini e di matite. Ma lui a tutte quante preferiva me."
- **B.** ☐ "Non so come, sentivo oscuramente che costui, dal mio pianeta deserto e corrusco, mi riconduceva per vie segrete alla terra."
- **C.** ☐ "Il motivo dunque era tutt'altro, e me lo rivelò il giorno in cui guardandomi con lucente occhio arguto e toccandomi estatico mi disse: «Che bei riccetti che hai»."
- **D.** ☐ "E mi prendeva per mano andando in su ed in giù e una volta perfino, in segno di estrema amicizia e affabilità, mi carezzò la guancia."
- **E.** ☐ "Nella mia classe eravamo tutte femmine col grembiule bianco, fuorché il figlio della maestra."

COME FARE

Quale delle frasi elencate indica non un particolare o un dettaglio del rapporto di Elsa con Amore, ma la ragione profonda della sua gratitudine verso di lui, il motivo per il quale lei lo ricorderà sempre?

B17 **Il testo narra di situazioni e fatti che si ripetono più volte nel passato. Quale modo e tempo verbale viene usato per sottolineare questa ripetitività?**

____

B18 **In questo racconto "io narrante" e autore sono la stessa persona; si tratta dunque di un testo che ha carattere**

- **A.** ☐ realistico.
- **B.** ☐ personale.
- **C.** ☐ biografico.
- **D.** ☐ autobiografico.

COME FARE

In quale tipo di testo il narratore parla di se stesso/a e coincide con l'autore, cioè la persona vera, lo scrittore o la scrittrice, che ha pensato e composto il testo?

LETTURA E COMPRENSIONE

Parte C - TESTO INFORMATIVO

Leggi il testo e poi rispondi alle domande.

Un futuro a idrogeno senza CO_2

L'idrogeno non può essere considerato una fonte primaria di energia, in quanto non esistono giacimenti di idrogeno, ma è un "vettore energetico", ovvero è un buon sistema per accumulare e trasportare energia. L'idrogeno è un vettore ideale per un sistema energetico "sostenibile", in quanto:

- può essere prodotto da una pluralità di fonti, sia fossili che rinnovabili, tra loro intercambiabili e disponibili su larga scala per le generazioni future;
- può essere impiegato per applicazioni diversificate, dal trasporto alla generazione di energia elettrica, con un impatto ambientale nullo o estremamente ridotto sia a livello locale che globale.

Accanto ai vantaggi, l'introduzione dell'idrogeno presenta ancora numerosi problemi connessi allo sviluppo delle tecnologie necessarie per rendere il suo impiego economico e affidabile. Lo sviluppo di tali tecnologie è oggi al centro dei programmi di ricerca di numerosi Paesi. Uno dei problemi più critici è sicuramente quello della produzione; in prospettiva l'idrogeno si potrà ottenere dall'acqua, a emissioni zero, utilizzando le energie rinnovabili; oggi la soluzione più vicina è rappresentata dai combustibili fossili (estrazione dell'idrogeno a partire da carbone, petrolio e gas naturale) ma il problema da risolvere, in questo caso, è quello della separazione e del confinamento della CO_2 prodotta insieme all'idrogeno.

L'idrogeno può essere utilizzato:

- nei motori a combustione interna. L'idrogeno è un eccellente combustibile e può essere bruciato in un normale motore a combustione interna come accade in alcuni modelli di auto già commercializzati. I rendimenti sono elevati e le emissioni si riducono a vapore acqueo e pochissimi ossidi di azoto;
- nelle celle a combustibile H. Sono sistemi elettrochimici capaci di convertire l'energia chimica di un combustibile direttamente in energia elettrica con un rendimento nettamente superiore a quello degli impianti convenzionali e senza emissioni di CO_2. Le celle a combustibile sono una soluzione già adottata da molte case automobilistiche per la costruzione di prototipi elettrici alimentati a idrogeno. Un'automobile a celle di combustibile pro-

duce a bordo l'elettricità necessaria al suo funzionamento, senza emissioni nocive;

- nelle centrali termoelettriche a idrogeno. I programmi di ricerca e sviluppo della tecnologia consentiranno di costruire impianti che utilizzeranno l'idrogeno per la generazione centralizzata di energia elettrica. Questi impianti, abbinati a un sistema di separazione e di confinamento della CO_2, ad esempio in giacimenti esauriti di petrolio o di metano, permetteranno la produzione di elettricità con un alto rendimento e senza rilascio di anidride carbonica.

C1 Che cosa significa che un sistema energetico è "sostenibile"?

A. ☐ Produce energia facilmente trasportabile.
B. ☐ Non ha un impatto negativo sull'ambiente.
C. ☐ Produce energia a prezzi molto bassi.
D. ☐ Le scorie si possono riciclare per altri usi.

C2 Basandoti sul testo, indica quali delle seguenti affermazioni sull'idrogeno sono vere e quali false. Metti una crocetta per ogni riga.

	vero	falso
a. È un mezzo per trasportare energia.		
b. Attualmente la sua produzione comporta anche la produzione di anidride carbonica.		
c. Si può produrre in unico modo.		
d. È combustibile ma brucia con difficoltà.		
e. Può essere usato per diversi scopi.		
f. In futuro potrà essere prodotto da fonti rinnovabili.		
g. La tecnologia per produrlo e utilizzarlo in modo sicuro ed economico è altamente sviluppata.		

COME FARE

Di seguito troverai le righe dalle quali puoi dedurre se le risposte sono vere o false.
a. Riga 3.
b., c. e f. Righe 15-19 (per c. vedi anche riga 5).
d. Riga 21.
e. Considera l'espressione "L'idrogeno può essere utilizzato" (riga 20) e il fatto che è seguita da un elenco di tre punti.
g. Righe 10-12.

C3 Oggi l'idrogeno può essere ottenuto

A. ☐ dall'acqua.
B. ☐ dal vapore.
C. ☐ dall'energia elettrica.
D. ☐ dai combustibili fossili.

COME FARE
La parola chiave da tenere a mente è "oggi", che ritorna anche nel testo.

C4 L'impiego dell'idrogeno per le auto può avvenire in due modi. Indica quali, completando le frasi seguenti.

1. L'idrogeno può essere usato nei ______________________ direttamente come ______________ .
2. L'idrogeno può essere usato nelle ______________________ per trasformare l'energia ______________ in energia ______________ .

C5 Trova nella parte di testo sottolineata (righe 25-32) il termine che corrisponde a questa definizione: primo esemplare che serve da modello per la realizzazione successiva di prodotti in serie e riportalo nello spazio sottostante.

____

C6 L'uso dell'idrogeno per le auto è conveniente perché

A. ☐ ha una resa elevata e non inquina l'aria.
B. ☐ prolunga la vita dei motori.
C. ☐ permette di raggiungere velocità più elevate.
D. ☐ assicura percorrenze più lunghe con minori consumi.

COME FARE
Trovi questa informazione alle righe 21-24.

C7 Una delle soluzioni proposte per il problema del rilascio di CO_2 nella produzione di idrogeno è di

A. ☐ bruciarla in ambiente protetto nel momento stesso in cui viene generata.
B. ☐ trasformarla in vapore acqueo.
C. ☐ imprigionarla in giacimenti di combustibili fossili abbandonati.
D. ☐ disperderla nell'atmosfera.

COME FARE
Per capire qual è la risposta corretta devi analizzare il paragrafo conclusivo (righe 35-37).

C8 Lo scopo principale del testo che hai letto è

A. ☐ mettere in guardia sui numerosi problemi non risolti legati all'uso dell'idrogeno.

B. ☐ informare sulle caratteristiche e sull'uso dell'idrogeno come nuova fonte di energia.

C. ☐ illustrare i vantaggi economici dell'uso dell'idrogeno per l'industria automobilistica.

D. ☐ riportare le diverse e contrastanti posizioni nel mondo scientifico sul futuro uso dell'idrogeno.

COME FARE

La parola "scopo" indica ciò che il testo vuole ottenere. Devi quindi domandarti se il testo vuole: convincerti che l'idrogeno presenta molti problemi (risposta A), esporre i diversi usi dell'idrogeno e le sue caratteristiche (B), farti capire quali sono i vantaggi soltanto in relazione alle automobili (C) o informarti su quello che gli scienziati pensano di questa risorsa, anche in disaccordo gli uno con gli altri (D).

LETTURA E COMPRENSIONE

Parte D - TESTO INFORMATIVO

Leggi il testo e poi rispondi alle domande.

Presentazione pubblicitaria di un negozio di dolciumi di Torino

È proprio nel cuore di Torino, nella famosa piazza San Carlo, che la storica "Confetteria Stratta" dal 1836 apre le sue porte agli affezionati clienti. A prediligerla un pubblico raffinato, in grado di apprezzare le celeberrime caramelle, i coloratissimi *fondants* con la goccia, la sontuosa crema gianduia e gli irresistibili cioccolatini. E che dire dei *marrons glacés*, pelati a mano uno ad uno e messi a candire per ottanta ore? Gesti antichi, rimasti tali grazie a un nobile passato. Tutto ha inizio quando i maestri confettieri Stratta e Reina escono dall'anonimato del loro laboratorio e per fondare la premiata ditta scelgono quelli che, secondo molti cronisti dell'epoca, sono i portici più belli e più vasti d'Europa. L'apertura del locale nel palazzo settecentesco del Castellamonte, oggi di proprietà della Società del Whist, precede di due anni la collocazione nella piazza del monumento equestre in bronzo dedicato a Emanuele Filiberto: il "Caval 'd Brôns". Nel 1840 Stratta si distingue tra le botteghe del centro per essere una delle prime a richiedere l'istallazione dell'illuminazione a gas, in sostituzione del sistema ad olio. Nel 1858, dopo la parentesi di gestione di Alessandro Reina, la conduzione dei fratelli Stratta diviene definitiva. Nelle belle vetrine fanno mostra di sé caramelle e confetti, cioccolatini e praline, *marrons glacés* e canditi, il tutto alternato ai legni e ai cristalli preziosi. Il successo è immediato. Le caramelle dai mille sapori, oggi famose in tutto il mondo, entrano trionfalmente alla corte dei Savoia e la confetteria acquisisce il titolo più ambito e prestigioso del tempo: "Fornitori della Real Casa". Testimonia il riconoscimento lo stemma originale, tuttora visibile all'interno del negozio.

Come i Savoia, così anche il Conte Cavour è un fedele cliente di Stratta. Nell'arduo compito di cercare appoggi al nascituro Regno d'Italia, il grande statista prende letteralmente per la gola gli ambasciatori dell'intera Europa. È passato alla storia il suo ordinativo a Stratta di ventinove chili di *marrons glacés*, diciotto di sorbetto, trentasette di frutta caramellata e poi ancora paste da forno, confetture e meringhette per un totale esorbitante di 2547 lire e 60 centesimi. Erano i tempi di Torino capitale e la città era teatro di feste, balli, e ricevimenti.

D1 **La frase "Gesti antichi, rimasti tale grazie a un nobile passato" (sottolineata alle righe 6-7) intende sottolineare che**

A. ☐ la produzione della confetteria Stratta si rifà a tecniche tradizionali tramandate nel tempo.
B. ☐ la confetteria Stratta era frequentata in passato dalla nobiltà.
C. ☐ i dolci della confetteria Stratta sono rimasti uguali dal secolo scorso ai nostri giorni.
D. ☐ i prodotti della confetteria Stratta sono frutto di gesti antiquati.

COME FARE

Per rispondere, fai attenzione agli aggettivi utilizzati nella frase ("antichi", "nobile") e a quali sostantivi si riferiscono ("gesti" e "passato"). Alcune delle risposte, infatti, possono trarre in inganno perché contengono sostantivi o aggettivi uguali o simili, ma con significati differenti.

D2 **Nel periodo "Tutto ha inizio quando..." (sottolineato alle righe 7-10), la parola "Tutto" si riferisce**

A. ☐ alla lista dei prodotti dolciari elencati prima.
B. ☐ al momento di apertura della confetteria.
C. ☐ alla storia della confetteria raccontata nel testo.
D. ☐ alla decisione di Stratta e Reina di fondare la confetteria.

D3 **L'espressione "escono dall'anonimato del loro laboratorio" (riga 8), riferita a Stratta e Reina, significa**

A. ☐ abbandonano l'attività che svolgevano nel loro laboratorio.
B. ☐ lasciano il loro sconosciuto laboratorio per aprire la confetteria.
C. ☐ si trasferiscono all'insaputa di tutti nel palazzo del Castellamonte.
D. ☐ comprano una pasticceria già famosa in tutta Europa.

COME FARE

Tieni presente che "anonimo" significa "senza nome", nella sfumatura di "poco noto, noto a nessuno".

D4 **Con l'espressione "la premiata ditta" (righe 8-9) si indica**

A. ☐ la Società del Whist.
B. ☐ il palazzo del Castellamonte.
C. ☐ la premiazione ottenuta dalla ditta Stratta.
D. ☐ la confetteria Stratta.

D5 **Nella parte di testo sottolineata si legge: "secondo molti cronisti dell'epoca" (riga 9). A quale epoca si sta facendo riferimento?**

- A. ☐ Alla fine del Settecento.
- B. ☐ Alla seconda metà dell'Ottocento.
- C. ☐ Alla prima metà dell'Ottocento.
- D. ☐ Agli inizi del Novecento.

COME FARE

All'inizio del testo trovi una data che ti fornisce l'informazione utile (l'anno in cui apre la confetteria) per rispondere a questa domanda.

D6 **Quando venne introdotta a Torino l'illuminazione a gas?**

- A. ☐ Nel 1840.
- B. ☐ Un po' prima del 1840.
- C. ☐ Poco dopo il 1840.
- D. ☐ Non ci sono sufficienti informazioni per dirlo.

COME FARE

Attenzione: la data del 1840 è presente nel testo, ma devi cercare di capire a quale evento, esattamente, si riferisce, e quindi dedurre la risposta usando la logica.

D7 **Nella frase sottolineata alla riga 22 si legge: "Testimonia il riconoscimento lo stemma originale". A che cosa si riferisce "il riconoscimento"?**

- A. ☐ Al fatto che la confetteria Stratta divenne ufficialmente la ditta venditrice di dolci ai Savoia.
- B. ☐ All'ingresso trionfale fatto dai dolci della confetteria Stratta nel palazzo dei Savoia.
- C. ☐ Al fatto che i Savoia divennero i più assidui consumatori di dolci della confetteria Stratta.
- D. ☐ Al grande successo che i dolci della confetteria Stratta riscossero presso la corte dei Savoia.

COME FARE

Leggi bene le righe immediatamente precedenti a quella evidenziata, che ti forniscono le informazioni utili per comprenderla.

D8 **La frase evidenziata alle righe 25-27 significa che il grande statista**

- A. ☐ cerca di ottenere il sostegno degli ambasciatori europei offrendo loro i dolciumi della confetteria Stratta.
- B. ☐ prende per il collo gli ambasciatori di tutta Europa costringendoli a dargli il loro appoggio.
- C. ☐ prende alla lettera la golosità degli ambasciatori dell'intera Europa per avere il loro aiuto.
- D. ☐ fa pressione sugli ambasciatori europei perché acquistino i dolciumi della confetteria Stratta.

COME FARE

Tieni presente che "prendere per la gola" è un modo di dire, un'espressione figurata.
Se non sai già che cosa significa, leggi anche le righe successive per capire bene il contesto.

Parte E - LESSICO

E1 **Scrivi la parola che corrisponde alla definizione.**

A. Edificio adibito ad abitazione dell'uomo: C ______________ (nome, inizia per C)

B. Gioioso, contento, felice: A ______________ (aggettivo, inizia per A)

E2 **Scegli fra le quattro alternative proposte quella che completa la parola o la frase riportata di seguito (forma cioè una "collocazione lessicale").**

dilazionare...

A. ☐ un argomento
B. ☐ un pagamento
C. ☐ una fessura
D. ☐ una spia

COME FARE

Per aiutarti, ti suggeriamo che un buon sinonimo della parola "dilazionare" è "ritardare".

E3 **Nelle frasi che seguono manca la stessa parola, usata con significati di volta in volta diversi. Scrivi la parola mancante negli spazi corrispondenti.**

- Al telegiornale hanno trasmesso un interessante ______________ sul tema del riciclo dei rifiuti.
- Il ______________ da tè in mostra è decorato in oro.
- Il ______________ di leva obbligatorio è stato abolito per legge.

E4 **Indica se la parola sottolineata nelle frasi che seguono è usata:**
- **in senso specialistico, come termine o concetto all'interno di una disciplina;**
- **in senso metaforico (figurato);**
- **in senso proprio nel linguaggio comune.**

	senso specialistico	senso metaforico	senso comune
a. L'oratore ha portato il discorso a un'<u>altezza</u> inattesa.			
b. La mia <u>altezza</u> è rimasta la stessa da tre anni a questa parte.			
c. L'<u>altezza</u> del poligono serve per calcolare la sua area.			

COME FARE

Per rispondere, tieni presente che:
- un termine usato IN SENSO SPECIALISTICO indica un concetto particolare di una scienza, di una disciplina, di un ambito del sapere;
- un termine usato IN SENSO METAFORICO non indica qualcosa di concreto e nel suo significato letterale, ma qualcosa di figurato (come nella frase "sono in un mare di guai" la parola "mare" indica "grande quantità di" e non "mare" in senso stretto);
- un termine usato IN SENSO COMUNE indica qualcosa nel suo significato letterale.

E5 Indica se la parola sottolineata nelle frasi che seguono è usata:
- **in senso informale (registro basso);**
- **in senso neutro (registro standard);**
- **in senso formale (registro elevato).**

	registro basso	registro standard	registro elevato
a. Cadendo, il vaso si <u>è rotto</u> in mille pezzi.			
b. La selce è una roccia sedimentaria che si <u>frantuma</u> con notevole facilità.			
c. Ti ho detto che non ti presto la mia auto! Stordito come sei me la <u>fracassi</u> di sicuro!			

COME FARE

Per rispondere, devi considerare il contesto delle frasi:
- il REGISTRO BASSO viene usato in situazioni in cui gli interlocutori sono in confidenza tra loro;
- il REGISTRO STANDARD è quello medio, che viene usato in situazioni normali;
- il REGISTRO ELEVATO viene usato in contesti specialistici (per esempio in un discorso scientifico o in ambito professionale).

E6 Nella frase che segue, tratte dallo scritto di uno studente, la parola in grassetto non è quella corretta, anche se le assomiglia. Scrivi la parola che ha un suono simile a quella errata ed è appropriata rispetto al contesto della frase.

È stato il momento più **memoriale** ______________ della mia vita!

COME FARE

La consegna ti dice che la parola giusta è molto simile a "memoriale": pensa a un termine che ha la stessa radice.

Parte F - RIFLESSIONE SULLA LINGUA

F1 **Nella frase "Secondo una prima ricostruzione, il ladro sarebbe entrato da una finestra sul retro", il verbo indica**

A. ☐ un'azione certa.
B. ☐ un'azione futura.
C. ☐ un'azione improbabile.
D. ☐ un'azione possibile.

COME FARE

Per rispondere devi analizzare il modo verbale di "sarebbe entrato", che è condizionale presente. Quale tipo di azione indica?

F2 **"Raggiunta la cima, il gruppo degli alpinisti decise di trascorrere la notte nel rifugio". La frase sottolineata è**

A. ☐ consecutiva.
B. ☐ temporale.
C. ☐ finale.
D. ☐ concessiva.

COME FARE

Dato che la frase è implicita, per capirne bene il valore, rendila esplicita. Significa "Così che raggiunsero la cima" (consecutiva, A), "Dopo aver raggiunto la cima" (temporale, B), "Affinché raggiungessero la cima" (finale, C) o "Nonostante avessero raggiunto la cima" (concessiva, D)?

F3 **Indica in quali dei seguenti aggettivi in- è un prefisso con valore negativo e in quali non lo è.**

	in- è un prefisso con valore negativo	in- NON è un prefisso con valore negativo
a. indeciso		
b. intenso		
c. innamorato		
d. interno		
e. incapace		
f. integrale		
g. incivile		
h. insolubile		

COME FARE

Per rispondere, basta sostituire il prefisso in- con l'avverbio di negazione NON. Per esempio "incredibile" equivale a "non credibile": in questo caso in- ha valore negativo, al contrario di quanto succede per esempio nella parola "innevato".

F4 In quale delle seguenti frasi è presente una espressione polirematica (cioè un gruppo di più parole con un significato unitario: es. *fuori stagione, botta e risposta*)?

A. ☐ Quella ragazza ha un viso acqua e sapone.
B. ☐ Per la cena di stasera mancano pane e vino.
C. ☐ Nella fattoria razzolavano liberamente galli e galline.
D. ☐ Sbuccia la frutta con forchetta e coltello!

COME FARE

Tutte le frasi si concludono con una coppia di parole unite dalla congiunzione "e", ma solo in un caso bisogna per forza tenere assieme le due parole, altrimenti la frase non ha più senso.

F5 "Luca mi ha chiesto quando arriverà l'aereo da Milano". La frase sottolineata è

A. ☐ soggettiva.
B. ☐ oggettiva esplicita.
C. ☐ temporale.
D. ☐ interrogativa indiretta.

COME FARE

La frase contiene un discorso indiretto. Fai attenzione al verbo della frase reggente "mi ha chiesto": che tipo di frase introduce?
Se la trasformassi in discorso diretto, che cosa otterresti?

F6 Completa nel modo corretto le parole incomplete.

A. Maria è una nuotatrice ecce______nale.
B. Aveva la cos______enza sporca perché sapeva di aver mentito.
C. Lavarsi le mani prima di mangiare è una buona regola i______enica.
D. Questo cane è del tutto inno______o : abbaia ma non morde.
E. Il preside non ha concesso l'assemblea: dice che è ille______ittima.

F7 Leggi la seguente frase:

In una famosissima opera letteraria si racconta che i due protagonisti furono minacciati di morte da bande di soldatacci al soldo di un potente signorotto del luogo.

Se tu non conoscessi il significato delle parole sottolineate, quali voci andresti a cercare nel dizionario? Scrivile.

1. (famosissima) ______________________
2. (protagonisti) ______________________
3. (soldatacci) ______________________

COME FARE

Per rispondere, ricorda che nel dizionario le parole, siano esse nomi o aggettivi (come quelle sottolineate nella consegna), si trovano sempre al genere maschile e al numero singolare; inoltre sono alla forma primitiva (senza alterazioni e al grado positivo).

LETTURA E COMPRENSIONE

Parte A - TESTO INFORMATIVO

Leggi il testo e poi rispondi alle domande.

educazione CIVICA

Niente sprechi al computer

In Francia è stato appena lanciato un programma chiamato So.Num. che sta per *sobriété numérique*, cioè sobrietà digitale, moderazione digitale. È un programma per ridurre l'inquinamento causato dagli strumenti digitali. Ecco qualche consiglio da seguire.

1. Prolungare la durata dei dispositivi

L'aspetto più inquinante del mondo digitale è la produzione dei dispositivi elettronici. Quindi è importante prendersi cura di tablet, smartphone e computer, in modo che durino il più a lungo possibile. Bisogna stare attenti sia alla struttura esterna (niente colpi, niente umidità) sia a quella interna: si può risparmiare la batteria dello smartphone evitando di lasciarlo in carica tutta la notte. In generale, è meglio spegnere un dispositivo che non usate, così ridurrete il consumo di elettricità.

Attenti al consumismo! Avete sul serio bisogno di un nuovo modello? Cosa vi dà in più di quello che avete? Potete prenderne uno ricondizionato, cioè usato ma perfettamente funzionante: nel 2020 in Francia ne sono stati acquistati quasi tre milioni. E il vostro vecchio dispositivo potete regalarlo o riciclarlo.

2. Navigare in modo efficace

Ogni cosa che fate su internet genera uno spostamento di dati. Quindi bisogna evitare di fare ricerche inutili. Se possibile scrivete direttamente l'indirizzo del sito che volete raggiungere. Avete già provato a usare un motore di ricerca attento al pianeta? Per esempio Ecosia, che versa l'80 per cento dei suoi guadagni ad associazioni che si occupano di riforestazione. Chiudete le schede dopo averle consultate, altrimenti continueranno a consumare energia.

3. Mandare email leggere

Spedire un'email con una foto produce circa 20 grammi di CO_2 (anidride carbonica), cioè quanto un'automobile che percorre 500 metri. Prima di mandarne una, chiedetevi se non è possibile comunicare in un altro modo (trasferendo l'allegato su una chiave usb) e se è necessario mandare l'email a più persone. Se possibile, invece che allegare dei file all'email, mandate un link per scaricarli, oppure comprimeteli, così peseranno meno. Evitate le firme automatiche, soprattutto quelle con un'immagine. Cancellate l'iscrizione alle newsletter che non leggete più. Eliminate i messaggi inutili e troppo pesanti e ricordate di svuotare il cestino. Tutto quello che compare nella vostra casella di posta è conservato sui server.

4. Limitare l'archiviazione nel *cloud*

La tecnologia del *cloud* (o "nuvola") consente di accedere a tutti i vostri documenti da qualunque dispositivo. È comoda, ma consuma anche molta energia, perché tutti quei documenti sono conservati su dei server alimentati da energia giorno e notte, in data center che hanno bisogno di essere refrigerati. Per consultarli è necessario uno scambio di dati e, dunque, di energia. Conservate nella "nuvola" solo quello di cui avete bisogno e mettete il resto su un supporto esterno come una chiave usb o un disco rigido portatile.

5. Ripensare ai consumi in streaming

Lo streaming è uno dei servizi digitali che usiamo di più. Il trasferimento di dati in tempo reale per i video consuma moltissima energia. Come ridurre l'inquinamento legato a questa abitudine? Scegliete una risoluzione adatta (è necessario usare l'alta risoluzione per un video da guardare sul telefono?); se possibile connettetevi al wifi invece di usare la rete mobile; scaricate il film o la serie tv di notte, per poterla guardare offline di giorno. Se volete ascoltare musica, preferite un servizio audio ai video di YouTube.

(adatt. da *Internazionale Kids*, luglio 2022)

A1 **Qual è lo scopo del programma di sobrietà digitale?**

____

A2 **La produzione di smartphone e altri dispositivi digitali è**

- **A.** ☐ un aspetto dell'inquinamento da fonti digitali.
- **B.** ☐ l'aspetto meno preoccupante dell'inquinamento digitale.
- **C.** ☐ la causa principale dell'inquinamento digitale.
- **D.** ☐ una causa minore di inquinamento digitale.

A3 **Qual è una corretta definizione di "consumismo" (riga 13)?**

- **A.** ☐ Fenomeno consistente nell'aumento dei consumi di beni necessari, a causa della pubblicità.
- **B.** ☐ Fenomeno consistente nella presenza di molti consumatori in una società.
- **C.** ☐ Fenomeno consistente nella forte diminuzione dei consumi di beni necessari.
- **D.** ☐ Fenomeno consistente nell'aumento dei consumi per soddisfare bisogni indotti dalla pubblicità.

A4 **Riporta qui sotto la definizione dell'aggettivo "ricondizionato", presente nel testo.**

____

A5 **Perché è consigliabile digitare direttamente l'indirizzo web di un sito che ci interessa visitare?**

- **A.** ☐ In caso contrario, si potrebbe finire su un sito pericoloso.
- **B.** ☐ Per evitare un inutile consumo di dati da parte del motore di ricerca.
- **C.** ☐ Perché i motori di ricerca, tranne Ecosia, dipendono da fonti fossili.
- **D.** ☐ Perché così non si consuma energia.

A6 **L'articolo suggerisce tre modi per trasferire fotografie consumando meno energia, quali?**

1. ____
2. ____
3. ____

A7 Quale delle seguenti affermazioni si può dedurre da quanto afferma l'articolo?

A. ☐ Chi usa la tecnologia digitale consuma energia, ma ci sono modi per risparmiarne molta.
B. ☐ È possibile usare la tecnologia digitale senza consumare energia.
C. ☐ Chi usa la tecnologia digitale è il maggior responsabile dell'inquinamento sul pianeta.
D. ☐ La tecnologia digitale è una fonte di energia inquinante.

A8 Il testo è diviso in cinque paragrafi. Segna con una crocetta in quale paragrafo puoi trovare ciascuna delle informazioni presenti nella tabella. Metti una sola crocetta per ogni informazione.

	par. 1	par. 2	par. 3	par. 4	par. 5
a. È meglio fare solo le ricerche essenziali sul web.					
b. L'archiviazione sul *cloud* è inquinante.					
c. È bene svuotare con regolarità la propria casella di posta.					
d. Bisogna evitare di cambiare smartphone troppo spesso.					
e. Lo streaming video va limitato.					

LETTURA E COMPRENSIONE

Parte B - TESTO NARRATIVO

Leggi il testo e poi rispondi alle domande.

Questione di scala

«Non capisco perché la gente si preoccupi tanto» disse la signorina Macy fiutando l'aria. «Finora non ci hanno *fatto* niente, no?»

Altrove, in tutte le città, regnava il panico. Ma non nel giardino della signorina Macy. Con calma, serenamente, ella alzò gli occhi e guardò di nuovo gli invasori, mostruose sagome più alte di mille metri. Erano sbarcati una settimana fa, da un'astronave lunga almeno cento chilometri che s'era posata delicatamente sul deserto dell'Arizona. Erano usciti in lunga fila, almeno in mille, dal ventre del vascello, e ora se ne andavano in giro per tutta la Terra. Ma, come faceva notare la signorina Macy, non avevano toccato nulla, non avevano fatto del male a nessuno.

Non erano abbastanza *densi* per rappresentare un pericolo. Quando uno di loro ti calpestava, o calpestava la casa in cui ti trovavi, tutto si oscurava di colpo e non vedevi più niente finché non avesse spostato il piede: ma tutto finiva lì. Non avevano mostrato il minimo interesse per gli esseri umani e ogni tentativo di comunicare con loro s'era dimostrato vano, come del resto ogni tentativo di distruggerli. L'esercito e l'aviazione avevano fatto di tutto, ma i grossi calibri li centravano in pieno, senza turbarli, e neppure una bomba H, sganciata su uno di loro mentre attraversava una zona deserta, l'aveva minimamente infastidito.

«E questa» disse la signorina Macy a sua sorella «è la prova che non vogliono farci del male, non trovi?»

«Speriamo bene, Amanda» disse la sorella della signorina Macy. «Ma guarda cosa stanno facendo adesso.»

Era una giornata molto limpida, o piuttosto, lo era stata. Il cielo, fino a poco prima, era d'un azzurro tersissimo e le grandi spalle, le teste quasi umanoidi, dei giganti, si distinguevano nettamente, lassù, a un miglio da terra. Ma ora l'atmosfera s'andava annebbiando, notò la signorina Macy seguendo lo sguardo della sorella. I giganti, qui, erano due, e ciascuno teneva tra le mani un oggetto cilindrico, da cui sprizzavano grandi nubi di una sostanza vaporosa che scendeva lentamente a coprire la Terra. La signorina Macy fiutò di nuovo l'aria. «Fanno delle nuvole. Forse è il loro modo di divertirsi un po', di

giocare. Che male possono fare con qualche nuvola? Non capisco perché la gente si preoccupi tanto.»

Tornò al suo lavoro.

«Cos'è che stai spruzzando, Amanda?» chiese sua sorella. «Un fertilizzante liquido?»

«No» disse la signorina Macy. «Un insetticida.»

(rid. e adatt. da Fredric Brown, *Cosmolinea B-2*, Mondadori, 2013)

B1 **Dove si trovano le due sorelle mentre si svolge la conversazione contenuta nel brano?**

NEL GIARDINO DELLA SIGNORA MACY

B2 **In quale Paese è ambientata la vicenda? Da che cosa lo puoi capire?**

A. È ambientata NEL DESERTO DELL'ARIZONA

B. Lo capisco perché LO DICE QUANDO E DOVE SBRIGANO

B3 **Che cosa si intende quando si dice che gli alieni "non erano abbastanza *densi* per rappresentare un pericolo" (riga 11)?**

A. ☐ Gli alieni erano troppo alti.
B. ☐ Gli alieni erano fatti di una sostanza troppo leggera.
C. ☒ Gli alieni erano troppo buoni.
D. ☐ Gli alieni avevano un carattere troppo debole.

B4 **La locuzione "in cui" nella frase "la casa in cui ti trovavi" (riga 12) può essere sostituita con**

A. ☒ che.
B. ☐ in quale.
C. ☐ nella quale.
D. ☒ cui.

B5 **Qual è il significato dell'aggettivo "vano" (riga 15)?**

A. ☒ Inutile.
B. ☒ Minimo.
C. ☐ Distruttivo.
D. ☐ Debole.

B6 **Qual è, secondo la signorina Macy, la prova che gli alieni non vogliono fare del male agli esseri umani?**

PERCHÉ NON SONO SCESI TRANQUILLAMENTE DALLA NAVICELLA E STAVANO GIOCANDO CREANDO DELLE NUVOLE.

B7 **Quali di queste affermazioni a proposito degli alieni sono vere e quali false in relazione al testo? Metti una crocetta per ogni riga.**

	vero	falso
a. Sono di dimensioni abnormi.	X	
b. Sono sulla Terra da qualche ora.		X
c. Hanno armi pericolose, come le bombe.	X	
d. Sembrano indifferenti alle reazioni degli umani.	X	
e. Sono arrivati sulla Terra con un'imbarcazione.		X

B8 **Chi è Amanda?**

LA SORELLA DELLA SIGNORA MACY

B9 **Quale delle seguenti frasi sostituisce quella con verbo fraseologico "l'atmosfera s'andava annebbiando" (riga 27)?**

A. ☐ La nebbia si diradava.
B. ☒ L'atmosfera si faceva lentamente più nebbiosa.
C. ☐ La nebbia si faceva lentamente più bianca.
D. ☐ L'atmosfera diventava confusa.

B10 **Dal finale del testo si può indovinare che gli alieni**

A. ☐ effettivamente non sono pericolosi.
B. ☐ sono in grado di fare le nuvole.
C. ☐ fanno paura alla signorina Macy.
D. ☒ stanno cercando di sterminare gli umani.

B11 **Questo brano appartiene a una narrazione di genere**

A. ☐ fantasy.
B. ☐ fantastico.
C. ☒ fantascientifico.
D. ☐ fiabesco.

LETTURA E COMPRENSIONE

Parte C - TESTO NON CONTINUO

educazione CIVICA

Osserva la confezione del latte qui riprodotta e poi rispondi alle domande.

Leggere la confezione del latte

"Filiera italiana" significa che tutte le aziende che lavorano a questo prodotto (quindi anche gli allevatori) operano in Italia.

Questo piede è il simbolo dell'impronta ecologica, cioè della traccia che le attività umane lasciano sull'ambiente.

Una "confezione a emissioni zero" è una confezione prodotta senza inquinare l'aria con il carbonio (o anidride carbonica), cioè senza emettere gas serra, responsabili del riscaldamento globale.

Carbon Trust è una ONG che aiuta le aziende a produrre in modo meno inquinante.

FSC è una ONG che controlla che le foreste siano sfruttate in modo sostenibile.

C1 **Che cosa indica l'espressione "impegno per un futuro più buono" che si legge all'interno del bollino verde nella parte alta della confezione?**

A. ☐ L'impegno dell'azienda per produrre latte sempre più buono.
B. ☐ L'impegno dell'azienda per produrre latte in modo più responsabile nei confronti dell'ambiente.
C. ☒ L'impegno dell'azienda per produrre latte sempre più buono e in modo più responsabile nei confronti dell'ambiente.
D. ☐ L'impegno dell'azienda per produrre latte sempre più sano.

C2 **Il latte contenuto nella confezione è sicuramente prodotto**

A. ☒ con metodi da agricoltura e allevamento biologici.
B. ☐ da fonti vegetali.
C. ☐ a emissioni zero.
D. ☐ in Italia.

C3 **Che cosa certifica il riquadro con il simbolo nero dell'impronta del piede?**

A. ☐ La confezione è riciclabile.
B. ☐ La confezione è interamente vegetale.
C. ☐ Per produrre la confezione non è stata emessa anidride carbonica.
D. ☒ Per riciclare la confezione non è necessario emettere gas serra.

C4 **Dove puoi reperire, sul web, delle informazioni a proposito della produzione di confezioni a emissioni zero? Riporta qui sotto l'indirizzo internet completo.**

____

C5 **Sulla confezione si dichiara esplicitamente che è ricavata "da fonti vegetali e quindi rinnovabili". In particolare, quali sono queste fonti?**

A. Per il contenitore di cartone: ONG
B. Per il tappo: FSC

C6 **Perché sulla confezione compare l'immagine di tre abeti?**

A. ☐ Perché il latte è prodotto in montagna.
B. ☐ Perché le foreste in Italia sono gestite in modo responsabile.
C. ☒ Perché la cellulosa di cui è composta la confezione è prodotta in montagna.
D. ☐ Perché la cellulosa viene da foreste sfruttate in maniera rispettosa.

C7 **Dal testo si può dedurre che la canna da zucchero, per ottenere la bioplastica, deve essere sottoposta a uno processo specifico. Quale?**

A. ☐ Combustione.
B. ☐ Sterilizzazione.
C. ☒ Essiccazione.
D. ☐ Fermentazione.

C8 **Che cosa sono Carbon Trust e FSC?**

A. ☐ Unioni di produttori di latte.
B. ☐ Marchi di garanzia del latte.
C. ☐ ONG.
D. ☒ Aziende che producono in modo responsabile.

C9 **L'ultima tabella in basso contiene**

A. ☒ le istruzioni per la raccolta differenziata.
B. ☐ le istruzioni comunali per lo smaltimento dei rifiuti.
C. ☐ l'indicazione dei materiali di cui è fatta la confezione.
D. ☐ le istruzioni per i produttori dei materiali.

C10 **Indica quali affermazioni sono corrette, secondo quanto puoi dedurre dal testo. Metti una crocetta per ogni riga.**

	corretta	non corretta
a. Il tappo e il contenitore vanno trattati diversamente in fase di riciclo.	X	
b. Per riciclare la confezione bisogna gettarla nell'umido, essendo vegetale.	X	
c. È possibile che si debbano usare diversi metodi di raccolta differenziata, a seconda della città o del paese in cui si vive.		X
d. A parte il tappo, la confezione è fatta solamente di cartone.		X
e. Per fabbricare la confezione non sono stati tagliati alberi.		X
f. Le emissioni zero di questa confezione sono certificate da FSC.	X	

Parte D - LESSICO

D1 Metti in ordine alfabetico i seguenti vocaboli.

- [1] totale
- [6] mondo
- [5] industria
- [2] multimedialità
- [4] tempo
- [3] vita
- [7] internazionale

D2 Scrivi la parola che corrisponde alla definizione.

A. Contrasto, opposizione
C____________________ (sostantivo, inizia per C)

B. Spaventare fortemente, atterrire
T____________________ (verbo, inizia per T)

C. Inattuabile, impossibile da realizzare
I____________________ (aggettivo, inizia per I)

D3 Nelle frasi che seguono manca la stessa parola, usata con significati di volta in volta diversi. Scrivi la parola mancante negli spazi corrispondenti.

- Devi prendere la strada che va nel ____________ opposto.
- Il ____________ della cornacchia è sgradevole.
- È molto commovente l'ultimo ____________ di questa poesia.

D4 Le parole composte possono essere formate da diverse coppie di termini: nome + nome, verbo + nome, verbo + verbo ecc. Quale delle seguenti parole è composta dalla stessa tipologia di termini della parola "cavatappi"?

A. ☐ Bagnasciuga.
B. ☒ Battipanni.
C. ☐ Chiaroscuro.
D. ☐ Casamatta.

D5 In quale delle seguenti parole è sottolineata la radice?

A. ☐ <u>Ric</u>ominciare
B. ☐ <u>In</u>credibile
C. ☒ Intelaia<u>tura</u>
D. ☐ Mangi<u>arono</u>

Parte E - RIFLESSIONE SULLA LINGUA

E1 Per ciascun nome individuale scrivi il nome collettivo che identifica l'insieme di cui fa parte.

A. pesce: PESCIVENDOLO

B. uccello: //

C. albero da frutto: FRUTTETO

D. isola: PENISOLO

E2 In quale delle seguenti frasi trovi un verbo coniugato al modo condizionale passato?

A. ☐ Avranno detto loro queste cose di me?
B. ☒ Fossi stato più furbo!
C. ☐ Avrebbero preferito una vacanza al mare.
D. ☐ Non gli credettero minimamente.

E3 Riporta nello spazio sottostante tutti i sostantivi presenti nella frase che segue.

?

Il fiume procede lento verso la costa, disegnando lungo il tragitto ampie curve chiamate anse.

//

E4 Rispetto alla frase "Non mi è stato recapitato il messaggio di Giovanni", solo una delle seguenti affermazioni è vera. Quale?

A. ☐ Il soggetto non compie l'azione.
B. ☐ Il soggetto è alla fine della frase.
C. ☒ Il soggetto è sottinteso.
D. ☐ Il soggetto è assente.

E5 In quale delle seguenti frasi trovi un complemento di specificazione?

A. ☐ Vorrei ricevere in regalo una giacca di cuoio.
B. ☐ La città di Firenze è famosa in tutto il mondo.
C. ☐ Parlerebbe di cinema tutto il tempo, è un vero fanatico.
D. ☒ Quel fatto stravolse il corso degli eventi.

E6 **Da quante proposizioni, ESCLUSA la principale reggente, è composto il periodo che segue?**

Una volta che hai viaggiato il viaggio non finisce mai, ma si ripete infinite volte negli angoli silenziosi della mente, che non vuole separarsi dal viaggio.

A. ☒ Cinque.
B. ☐ Sei.
C. ☒ Quattro.
D. ☐ Tre.

E7 **Quale tra le seguenti tipologie di subordinata è retta, nella principale, da un verbo impersonale?**

A. ☐ Oggettiva.
B. ☒ Dichiarativa.
C. ☐ Interrogativa indiretta.
D. ☐ Soggettiva.

E8 **Trasforma il seguente dialogo dal discorso indiretto al discorso diretto.**

Marco chiese a Luigi: «Dove potrei comprare una maglia come la tua?» e Luigi rispose: «L'ho presa in un negozio appena aperto in centro».

MARCO CHIESE A LUIGI DOVE POTESSE COMPRARE
UNA MAGLIETTA COME LA SUA E LUIGI GLI RISPOSE
CHE LA AVEVA PRESA IN UN NEGOZIO APPENA APERTO IN
CENTRO

Il mio risultato Calcola 1 punto per ogni risposta esatta.

PARTE A	PARTE B	PARTE C	PARTE D	PARTE E	TOTALE
____/8	____/11	____/10	____/5	____/8	____/42

Ho trovato la prova...

☐ difficile
☐ più semplice di quanto pensassi
☐ adeguata alle mie aspettative e capacità
☒ altro CI STA

LETTURA E COMPRENSIONE

Parte A - TESTO NARRATIVO

Leggi il testo e poi rispondi alle domande.

Come sono diventato scrittore

Avevo ventisei anni quando arrivai a Washington e ancora non mi passava per la testa di diventare scrittore.

La mattina del mio terzo giorno di lavoro, sedevo nel mio nuovo ufficio all'ambasciata britannica e stavo chiedendomi cosa diavolo dovessi fare a quella scrivania, quando bussarono alla porta. «Avanti!»

Un omino con delle lenti spesse sostenute da una montatura in acciaio si infilò timidamente nella stanza. «Mi perdoni il disturbo» disse.

«Non mi disturba affatto» risposi. «Non stavo facendo nulla.»

Rimase in piedi di fronte a me dando l'impressione di sentirsi a disagio e fuori posto. Pensai che fosse venuto a chiedere un lavoro.

«Mi chiamo Forester» disse. «Cecil Scott Forester.»

Quasi caddi dalla sedia. «Sta scherzando?» esclamai incredulo.

«No» rispose sorridendo. «Sono io.»

Era proprio lui. Il grande scrittore in carne e ossa, colui che aveva inventato il personaggio del capitano Hornblower, il migliore narratore di storie di mare dopo Conrad. Gli dissi di accomodarsi.

«Vede,» cominciò «io sono troppo vecchio per combattere. Vivo qui, adesso. L'unico modo che ho per rendermi utile è quello di scrivere delle cose sull'Inghilterra per i giornali e le riviste americane. Abbiamo un bisogno vitale dell'aiuto degli americani. Una rivista che si chiama *Saturday Evening Post* pubblicherà tutti i racconti che voglio scrivere. Ho un contratto. Sono venuto da lei perché penso che potrebbe avere qualche storia interessante da raccontarmi. Sulle sue esperienze di volo, intendo.»

«Ci sono migliaia di persone che potrebbero raccontare storie migliori delle mie» dissi. «Un sacco di piloti che hanno abbattuto molti più aerei di me.»

«Non è questo il punto» disse Forester. «Lei è qui, adesso. E poiché, come dicono gli americani, è stato in battaglia, è un uccello raro su questa sponda dell'Atlantico. Non dimentichi che gli Stati Uniti sono appena entrati in guerra.»

«Cosa mi propone di fare?» domandai.

«Venga a pranzo con me» disse. «Mangiando mi racconterà tutto. Mi dirà dell'esperienza più emozionante che ha avuto e io la scriverò per il *Saturday Evening Post.* Tutto può tornare utile.»

Ero entusiasta. Non mi era mai capitato di incontrare uno scrittore famoso. Lo studiavo mentre stava seduto lì, nel mio ufficio. Ero stupito che avesse l'aspetto di una persona comune. Non aveva nulla che fosse un po' fuori del normale. Il viso, il modo di parlare, gli occhi dietro le lenti, persino gli abiti erano normalissimi. Eppure era uno scrittore di fama mondiale. I suoi libri erano stati letti da migliaia di persone. Mi aspettavo che mandasse faville dalla testa, o, almeno, che indossasse un lungo mantello verde e un cappello floscio a larghe falde.

Invece no. Fu allora che cominciai a capire che un romanziere è fatto di due nature ben distinte. Una è quella che mostra in pubblico, quella di una persona normale, come tutte le altre, che fa cose normali e parla in modo normale. L'altra è quella segreta che emerge quando chiude la porta del suo studio e si ritrova completamente solo. Allora entra in un mondo affatto diverso, dominato dall'immaginazione, e comincia a vivere nei posti che sta descrivendo. Anch'io, vi dirò, cado in una specie di trance quando lavoro, e tutto quello che ho intorno scompare. Vedo solo la punta della penna che corre sul foglio e spesso le ore passano come minuti.

(da Roald Dahl, *Un colpo di fortuna*,
in *Un gioco da ragazzi*, Salani, 2001)

A1 **Che lavoro fa il narratore-protagonista nel momento in cui incontra Cecil Scott Forester?**

A. ☐ Lo scrittore.
B. ☐ Il pilota di aerei militari.
C. ☐ Non ha un lavoro e lo sta cercando.
D. ☒ È impiegato all'ambasciata britannica.

A2 **Il narratore presenta il personaggio dello scrittore con una breve frase descrittiva. Riportala qui sotto.**

6 RIGA ______________________________

A3 **L'espressione "quasi caddi dalla sedia" (riga 12) ci fa capire che il narratore**

A. ☐ si sente male.
B. ☐ ha perso l'equilibrio.
C. ☒ è stupefatto.
D. ☐ è arrabbiato.

A4 **Quali delle seguenti informazioni si possono dedurre dal testo? Metti una crocetta per ogni riga.**

	si può dedurre	non si può dedurre
a. Il narratore è di nazionalità britannica.		X
b. L'episodio si svolge negli USA.	X	
c. Lo scrittore Forester è di nazionalità americana.		X
d. Il narratore fin da bambino aveva il sogno di fare lo scrittore.	X	
e. Il narratore è un veterano di guerra.	X	
f. La vicenda si svolge durante una delle Guerre Mondiali.	X	
g. Il narratore diventerà un famoso giornalista.	X	

A5 Perché Cecil Scott Forester definisce il protagonista “un uccello raro su questa sponda dell’Atlantico” (righe 27-28)?

A. ☐ Non ci sono molti inglesi in America.
B. ☒ In America non ci sono molte persone che hanno avuto le stesse esperienze del narratore.
C. ☐ In Inghilterra ci sono specie di uccelli diverse da quelle degli Stati Uniti.
D. ☐ Il narratore è una persona fuori dal comune.

A6 Qual è il particolare che stupisce maggiormente il narratore, nel trovarsi di fronte un famoso scrittore?

____

____

A7 Con quale espressione potresti sostituire il termine “affatto” (riga 44)?

A. ☒ Per niente.
B. ☐ Del tutto.
C. ☐ Abbastanza.
D. ☐ Molto.

A8 Completa il seguente testo, che riporta la riflessione del narratore a proposito del suo incontro con Cecil Scott Forester, inserendo i termini elencati sotto.

~~romanziere~~ • privata • pubblica • ~~normale~~ • ~~fantasia~~ • ~~avventure~~ • ~~immaginazione~~ • ~~presenta~~ • nature

Secondo il narratore, un ROMANZIERE possiede due AVVENTURE diverse. Una di esse è PUBLICA e con essa lo scrittore si PRESENTA al resto del mondo in modo NORMALE. L’altra invece, quella PRIVATA, è dominata dal potere dell’IMMAGINAZIONE e grazie a essa lo scrittore può viaggiare con la FANTASIA e vivere una vita di AVVENTURE.

A9 Il brano che hai letto, presumibilmente, è tratto da un testo di genere

A. ☐ fantastico.
B. ☐ avventuroso.
C. ☐ storico.
D. ☒ autobiografico.

LETTURA E COMPRENSIONE

Parte B - TESTO DESCRITTIVO

Leggi il testo e poi rispondi alle domande.

La lavorazione della cellulosa

La cellulosa, materia prima da cui si ricava la carta, è una delle componenti fondamentali delle piante a essenza tenera[1]; è presente, ad esempio, negli alberi di pioppo, ma anche nelle piante della canapa e del lino. Per questo motivo anticamente la carta era ricavata dagli indumenti realizzati in questi tessuti.

Per utilizzare la cellulosa come materia prima è necessario innanzitutto estrarla dalle piante. Il metodo più tradizionale è quello di sottoporre il legno scortecciato all'azione abrasiva[2] di una mola[3] rotante che, in presenza di acqua, toglie gran parte della lignina, la sostanza che rende duro il legno. In questo modo si ottiene la pasta meccanica o greggia, di colore paglierino scuro, che presenta il vantaggio di sfruttare il legno al 95%; la qualità però risulta scadente. Trattando chimicamente questa pasta, si riesce a eliminare la lignina che rimane e si ottiene la pasta semi-chimica.

Tutt'altro procedimento è utilizzato per la produzione della pasta chimica: all'interno di particolari autoclavi[4], i trucioli di legno vengono sottoposti all'azione del calore dell'acqua e a processi chimici che eliminano tutte le sostanze non cellulosiche. La pasta così ottenuta viene utilizzata dall'industria come cellulosa greggia, oppure viene sottoposta a un processo di sbiancatura attraverso l'ossigeno, il cloro o l'acqua ossigenata, per rendere la cellulosa più bianca. Il cloro ha sempre dato ottimi risultati perché è in grado di dissolvere la lignina senza danneggiare la cellulosa; tuttavia, dal momento che questo elemento è molto inquinante, oggi si preferisce usare l'acqua ossigenata, che è meno inquinante e migliora anche la qualità della carta.

La cellulosa che si estrae dalle piante annuali, come il lino, la canapa e il cotone, presenta fibre lunghe che la rendono molto resistente all'usura[5]. La paglia di riso e di frumento è molto usata per ottenere cellulosa adatta alla produzione di cartoni ondulati.

(adatt. da *Einstein più. Alla scoperta della tecnologia*, Raffaello Scuola, 2021)

---

1. **essenza tenera**: caratteristica del legno, facilmente lavorabile ma poco resistente, di alcune piante.
2. **azione abrasiva**: l'azione di raschiare, di togliere grattando.
3. **mola**: pietra di forma tondeggiante, di materiale abrasivo, usata per macinare o affilare.
4. **autoclavi**: grandi recipienti a chiusura ermetica usati per bollire l'acqua ad altissime temperature.
5. **usura**: consumo di un materiale a causa dell'uso prolungato.

B1 **Quale materiale si produce con la cellulosa?**

A. ☐ Legno.
B. ☐ Stoffa.
C. ☐ Pasta.
D. ☐ Carta.

B2 **Per poter utilizzare la cellulosa, è necessario prima di tutto**

A. ☐ separarla dalle altre componenti del legno.
B. ☐ sbiancarla.
C. ☐ ricavarla dagli indumenti.
D. ☐ sottoporla all'azione dell'acqua.

B3 **Il brano distingue due tipi di lavorazione della cellulosa: uno ad azione abrasiva e uno che sfrutta il calore dell'acqua. Con quale procedimento viene ottenuta ciascuna pasta? Metti una crocetta per ogni riga.**

	azione abrasiva	calore dell'acqua
a. pasta meccanica		
b. pasta semi-chimica		
c. pasta chimica		

B4 **Qual è la pasta di qualità peggiore?**

____

B5 **Quali sono, secondo il testo, il vantaggio e lo svantaggio dell'utilizzo del cloro come sbiancante?**

A. È vantaggioso perché ______________________________

B. Non è vantaggioso perché ______________________________

B6 **Le piante annuali forniscono fibre che**

A. ☐ si decompongono più lentamente.
B. ☐ possono durare di più nel tempo.
C. ☐ sono più corte.
D. ☐ hanno una durata annuale.

LETTURA E COMPRENSIONE

Parte C - TESTO MISTO

Leggi il testo e poi rispondi alle domande.

educazione CIVICA

Bullismo e cyberbullismo

Il cyberbullismo è la manifestazione in Rete di un fenomeno più ampio e meglio conosciuto come bullismo. Quest'ultimo è caratterizzato da azioni violente e intimidatorie esercitate da un bullo, o un gruppo di bulli, su una vittima. Le azioni possono riguardare offese verbali, aggressioni fisiche, persecuzioni, generalmente attuate in ambiente scolastico. Oggi la tecnologia consente ai bulli di infiltrarsi nelle case delle vittime, di materializzarsi in ogni momento della loro vita, perseguitandole con messaggi, immagini, video offensivi inviati tramite smartphone o pubblicati sui siti web tramite Internet. Il bullismo diventa quindi cyberbullismo. Il cyberbullismo definisce un insieme di azioni aggressive e intenzionali, di una singola persona o di un gruppo, realizzate mediante strumenti elettronici (sms, mms, foto, video, email, chat rooms, instant messaging, siti web, telefonate), il cui obiettivo è quello di provocare danni a un coetaneo incapace di difendersi.

BULLISMO	CYBERBULLISMO
Sono coinvolti solo gli studenti della classe e/o dell'Istituto;	Possono essere coinvolti ragazzi e adulti di tutto il mondo;
generalmente solo chi ha un carattere forte, capace di imporre il proprio potere, può diventare un bullo;	chiunque, anche chi è vittima nella vita reale, può diventare cyberbullo;
i bulli sono studenti, compagni di classe o di Istituto, conosciuti dalla vittima;	i cyberbulli possono essere anonimi e sollecitare la partecipazione di altri "amici" anonimi, in modo che la persona non sappia con chi sta interagendo;
le azioni di bullismo vengono raccontate ad altri studenti della scuola in cui sono avvenute, sono circoscritte a un determinato ambiente;	il materiale utilizzato per azioni di cyberbullismo può essere diffuso in tutto il mondo;
le azioni di bullismo avvengono durante l'orario scolastico o nel tragitto casa-scuola, scuola-casa;	le comunicazioni aggressive possono avvenire 24 ore su 24;
le dinamiche scolastiche o del gruppo classe limitano le azioni aggressive;	i cyberbulli hanno ampia libertà nel poter fare online ciò che non potrebbero fare nella vita reale;
bisogno del bullo di dominare nelle relazioni interpersonali attraverso il contatto diretto con la vittima;	percezione di invisibilità da parte del cyberbullo attraverso azioni che si celano dietro la tecnologia;
reazioni evidenti da parte della vittima e visibili nell'atto dell'azione di bullismo;	assenza di reazioni visibili da parte della vittima che non consentono al cyberbullo di vedere gli effetti delle proprie azioni;
tendenza a sottrarsi da responsabilità portando su un piano scherzoso le azioni di violenza.	sdoppiamento della personalità: le conseguenze delle proprie azioni vengono attribuite al "profilo utente" creato.

(da *www.miur.gov.it*)

C1 Secondo la definizione del testo, il cyberbullismo è

A. ☐ un fenomeno distinto dal bullismo.
B. ☐ una tipologia di bullismo.
C. ☒ un fenomeno che assomiglia al bullismo.
D. ☐ un nome alternativo per indicare il bullismo.

C2 Nel testo, alcuni termini vengono usati con significato metaforico, altri con significato letterale. Completa la tabella mettendo una crocetta per ogni riga.

	uso metaforico	uso letterale
a. aggressioni (riga 4)	X	
b. infiltrarsi (riga 6)		X
c. materializzarsi (riga 6)		X
d. persona (riga 10)	X	

C3 I cyberbulli, rispetto ai bulli, possono mettere in atto

A. ☐ azioni diverse di bullismo.
B. ☐ azioni di bullismo di vario tipo e in maggior numero.
C. ☐ meno azioni di bullismo.
D. ☒ le stesse azioni tipiche del bullismo.

C4 Con quale altro verbo potresti sostituire l'espressione "si celano" (nella tabella, riga 38)?

A. ☒ Si trasformano.
B. ☐ Agiscono.
C. ☐ Si mostrano.
D. ☐ Si nascondono.

C5 Nella tabella, la frase "le dinamiche scolastiche o del gruppo classe limitano le azioni aggressive" significa che

A. ☐ per il bulli agire a scuola è più facile che non in altri posti.
B. ☐ è raro che il bullo e la vittima siano nella stessa classe.
C. ☐ le azioni aggressive spesso avvengono all'interno della classe e non in altri spazi.
D. ☒ i rapporti tra ragazzi e ragazze all'interno di una classe possono proteggere la vittima dai bulli.

C6 Quali delle seguenti caratteristiche appartengono al bullismo e quali al cyberbullismo? Metti una crocetta per ogni riga.

	bullismo	cyberbullismo
a. Coinvolge un gruppo limitato di persone.	X	
b. I bulli sono persone generalmente forti e prepotenti.	X	
c. Le azioni di bullismo possono avvenire a qualsiasi ora del giorno e della notte.		X
d. Il bullo minimizza le proprie azioni come se fossero scherzi.		X
e. Il bullo attribuisce le proprie azioni a qualcun altro.	X	
f. La vittima conosce chi lo colpisce, sa chi è.	X	
g. La vittima non ha reazioni evidenti e visibili al bullo.		X

C7 Lo scopo principale del testo è

A. ☐ spiegare cos'è il bullismo.
B. ☐ distinguere e spiegare le caratteristiche dei diversi tipi di bullismo.
C. ☒ informare le potenziali vittime di bullismo su chi possono essere i bulli.
D. ☐ fornire indicazioni su come difendersi da bulli e cyberbulli.

Parte D - LESSICO

D1 In quale delle seguenti frasi la parola "organo" ha lo stesso significato che assume nella frase "Il fiore è l'organo riproduttivo delle piante"?

A. ☐ L'organo di senso dell'olfatto è il naso.
B. ☒ Il Parlamento è l'organo legislativo dello Stato italiano.
C. ☐ Siamo andati a sentire un bellissimo concerto per organo.
D. ☐ L'organo preposto al rilascio della patente di guida è la Motorizzazione civile.

D2 Leggi la seguente definizione, tratta dal dizionario. Poi segna nella tabella quali affermazioni riguardanti la parola "poeta" sono vere e quali sono false.

poeta <po-è-ta> s.m. (f. *–essa*; pl.m. *–i*, arc. *–e*). 1. La personalità dell'autore, nell'ambito della classificazione letteraria o estetica della poesia: *i p. dello Stilnovo; il p. della "Divina Commedia"; i p. maledetti dell'Ottocento; p. si nasce.* 2. *estens.* Persona dotata di un grado notevole di immaginazione o di sentimento (*avere un cuore di p.*), polemicamente traducibile, nel linguaggio popolare, in un eccesso di fantasia e in incapacità nelle attività pratiche (*poeta... vuol dire un cervello... un po' balzano, che, né discorsi e né fatti, abbia più dell'arguto e del singolare che del ragionevole,* Manzoni). DIM. e PEGG. *poetìno, poetónzolo, poetùccio, poetùcolo.* ACCR. *poetóne,* PEGG. *poetàccio, poetàstro* (v.). Dal lat. *poëta*, risalente al gr. *poietés*, der. di *poiéo*, "faccio, produco" // fine sec. XIII.

	vero	falso
a. È un nome maschile che al plurale esce regolarmente in -i.	X	
b. Può essere usata anche per offendere o prendere in giro qualcuno.		X
c. È entrata in uso prima dell'anno 1000.		X
d. È un sostantivo, quindi deve sempre essere accompagnato da un articolo.	X	
e. Deriva da un verbo greco.	X	

D3 **Indica se la parola sottolineata in ciascuna frase è usata in senso metaforico oppure letterale.**

	uso metaforico	uso letterale
a. La marea si alza e si abbassa nelle 24 ore.		X
b. Ho una marea di compiti da svolgere.	X	
c. Qual è, infine, il succo del tuo ragionamento?	X	
d. Con il succo del sambuco si produce un ottimo sciroppo.		X
e. Voglio dare una mano di pittura alle pareti.	X	
f. Si è tagliato una mano aprendo la lattina.		X

D4 **Quali voci del dizionario andresti a cercare, se non conoscessi il significato delle parole sottolineate nella frase seguente?**

Gli occhi non davan lacrime, ma portavan segno d'averne sparse tante.

(da Alessandro Manzoni, *I promessi sposi*)

A. occhi: ______________________________

B. davan: ______________________________

C. tante: ______________________________

D5 **Per ciascun gruppo di vocaboli, sottolinea l'intruso, cioè quello che non appartiene al campo semantico di tutti gli altri.**

A. piantare – albero – balcone – vivaio – verde

B. cannella – condimento – spezie – cucinare – decorare

C. valutazione – voto – centimetro – verifica – scuola

Parte E - RIFLESSIONE SULLA LINGUA

E1 Completa le parole in modo corretto.

A. Non sa proprio nulla è, un ____competente!
B. Per andare in gita vi serve l'autorizza____ne firmata dai genitori.
C. Hai preso per caso un bi____etto dell'autobus anche per me?
D. Era una donna dalla forza davvero formida____le.

E2 Di quale grado è l'aggettivo qualificativo presente nella frase "Il comportamento di quella ragazza è pessimo"?

A. ☐ Superlativo relativo.
B. ☐ Comparativo di maggioranza.
C. ☐ Positivo.
D. ☐ Superlativo assoluto.

E3 In quale delle seguenti frasi è presente un verbo alla forma passiva?

A. ☐ Ho ricevuto una lettera da parte del Presidente.
B. ☐ Da molto tempo egli attendeva notizie sul proprio futuro.
C. ☐ Questa soluzione è molto conveniente, dal mio punto di vista.
D. ☐ Fui servito ottimamente dai camerieri del ristorante.

E4 Indica a quale categoria appartiene la parola sottolineata in ciascuna frase. Metti una crocetta per ogni riga.

	sostantivo	verbo	pronome	aggettivo
a. I giovani sono sempre pronti a nuove avventure.				
b. La tua famiglia è molto accogliente.				
c. Questo è proprio ciò che temo.				
d. Tutto considerato, va bene.				

E5 **Svolgi l'analisi logica della frase che segue e indica i sintagmi richiesti.**

Nelle lunghe sere d'inverno, trovavano riparo dal freddo nelle ampie grotte.

A. Complemento oggetto: LUNGHE - D'INVERNO - AMPIE

B. Complemento di luogo: GROTTE - FREDDO

C. Complemento di specificazione: ____________________

E6 **Qual è il complemento oggetto nella frase che segue?**

In occasione della premiazione, il Sindaco della città ci ha rivolto, per l'impegno, dei complimenti lusinghieri.

A. ☐ Della premiazione.
B. ☒ Il Sindaco.
C. ☐ Ci.
D. ☐ Dei complimenti.

E7 **Osserva lo schema, poi indica quale dei quattro periodi esso rappresenta.**

Proposizione principale reggente → Proposizione coordinata alla principale

↓

Proposizione subordinata di primo grado

A. ☒ Per organizzare la festa andremo da Marzia e discuteremo i particolari.
B. ☐ Non mi sento pronto, anche se ho studiato e mi sono preparato bene.
C. ☐ Se volete raggiungerci, controllate se ci sono ancora posti.
D. ☐ Mi domando spesso cosa succederà quando saremo alle superiori.

Il mio risultato Calcola 1 punto per ogni risposta esatta.

PARTE A	PARTE B	PARTE C	PARTE D	PARTE E	TOTALE
____/9	____/6	____/7	____/5	____/7	____/34

Ho trovato la prova...

☐ difficile
☐ più semplice di quanto pensassi
☐ adeguata alle mie aspettative e capacità
☐ altro ____________

LETTURA E COMPRENSIONE

Parte A - TESTO NARRATIVO

Leggi il testo e poi rispondi alle domande.

Nel temporale

Cavalcavo sulla diga, tremando sotto un acquazzone gelato. Il mare era grigio, solcato da ondate rabbiose, e la notte, che avanzava allo stesso ritmo della pioggia, ricopriva già il chiarore soffuso della spiaggia. Un contadino mi aveva rassicurato che più avanti, sulla destra, avrei trovato un sentiero che conduceva a una locanda. Avevo rischiato di saltare l'incrocio, appena visibile tra le pozzanghere. Adesso che il mio cavallo sguazzava con le orecchie basse in quel luogo sinistro invaso dai rovi, temevo di essermi perduto. Rivedevo le zanne dello spaventoso cane giallo acquattato dietro le gambe del contadino. Rivedevo il suo pelo inzaccherato, il suo occhio malato che mi fissava con insistenza. Forse mi avevano mandato incontro alla morte.

Udii cigolare un'insegna squassata dal vento. La locanda apparve infine fra un intrico di alberi neri. Balzato a terra, afferrai le briglie del mio cavallo per condurlo nella scuderia. La povera bestia tremava di freddo. Dopo avergli strofinato a lungo i fianchi con una manciata di paglia, (...) andai a bussare alla porta della locanda, che si aprì come nelle fiabe.

Il locandiere, che zoppicava tremendamente, mi mise a disagio. Nella sala immersa nella penombra non c'era nessun altro. Dopo avermi portato un piatto di zuppa e un boccale di birra, si sedette di fronte a me. Detesto che mi si guardi mentre mangio. Avevo abbastanza pensieri, pensieri da mercante di stoffe: sei balle[1] di tessuto, di provenienza sconosciuta, con sigilli di cera gialla. Mi era stato mostrato solo un campione di "tela da nuvola". Era un velo meravigliosamente leggero, di una finezza e di una morbidezza incomparabili. Il venditore sosteneva che il tessuto cambiava colore con la luce del giorno. Me lo aveva dimostrato alzandolo al cielo nel bel mezzo di una schiarita. Il tessuto si era subito illuminato, conservando la traccia di quella luce malgrado il veloce ritorno delle nuvole. Rimasi incantato. Avevo pagato tutto in anticipo, con una lettera

1. **balle:** rotoli.

di cambio[2], senza far aprire gli involti per vedere il resto della mercanzia, sulla promessa che mi sarebbe stata consegnata entro la settimana. E, dato che minacciava un temporale, avevo affrettato la partenza, dimenticando il campione. Ce n'era per una fortuna. Come al solito, m'ero entusiasmato troppo in fretta. Cominciai a chiedermi come avrei annunciato quella transazione a mio padre e a mio zio, che gestivano il loro commercio con tanta oculatezza, senza nemmeno poter mostrare loro il più piccolo pezzo di quella tela da nuvola. «Ricordati, il buonsenso è la bussola dei mercanti» diceva l'uno, «Prudenza, nipote, prudenza e sagacia» continuava l'altro. Avrei avuto una bella gatta da pelare proprio quando cominciavano a lasciarmi un po' di iniziativa nei loro affari. Mia madre nutriva maggiore indulgenza per i miei colpi di testa, ma tutt'e e tre condividevano seri dubbi sulle mie capacità. Troppo incline alla fiducia, troppo aperto con gli stranieri. Quei pensieri mi tolsero di colpo l'appetito e spinsi via il piatto mezzo pieno.

(da François Place, *Il segreto d'Orbae*,
L'ippocampo, 2012)

---

2. **lettera di cambio:** un tipo di documento bancario, inventato nel Medioevo, che veniva usato al posto del denaro contante per fare dei pagamenti.

A1 Il testo può essere diviso in due macrosequenze, separate da un cambiamento nel luogo dell'azione. Individuale e, per ciascuna, scrivi la riga in cui inizia e la riga in cui finisce.

1. Dalla riga 15 alla riga 15.
2. Dalla riga 16 alla riga 40.

A2 **La frase "Forse mi avevano mandato incontro alla morte" (righe 9-10) fa capire che il narratore pensa**

- **A.** ☒ di aver fatto male a fidarsi del contadino.
- **B.** ☐ che il contadino lo stia seguendo per ucciderlo.
- **C.** ☐ di non aver compreso le indicazioni del contadino.
- **D.** ☐ che quell'acquazzone finirà per ucciderlo.

A3 **Il participio "squassata" (riga 11), usato come aggettivo, può essere sostituito da quale dei seguenti participi?**

- **A.** ☒ Scassata.
- **B.** ☐ Scossa.
- **C.** ☒ Spaccata.
- **D.** ☐ Staccata.

A4 **La frase "Detesto che mi si guardi mentre mangio" (righe 18-19) esprime una constatazione generale, sempre valida per il narratore e non solo riguardo all'episodio che sta raccontando. Da quale particolare grammaticale lo capisci?**

PERCHÉ NON È DISCORSO DIRETTO

A5 **Nella frase "Ce n'era per una fortuna", il pronome "ne" (riga 30) si riferisce a**

- **A.** ☒ il campione.
- **B.** ☐ la mercanzia.
- **C.** ☐ il temporale.
- **D.** ☐ la lettera di cambio.

A6 **Riporta qui sotto le frasi che descrivono nel testo la consistenza e l'aspetto della "tela da nuvola".**

FINEZZA E MORBIDEZZA INCOMPARABILE E IL TESSUTO CAMBIAVA COLORE CON LA LUCE DEL GIORNO

A7 **Cosa significa il termine "oculatezza" (riga 32)?**

- **A.** ☒ Attenzione.
- **B.** ☐ Scaltrezza.
- **C.** ☐ Esperienza.
- **D.** ☐ Onestà.

A8 La frase nominale "Troppo incline alla fiducia, troppo aperto con gli stranieri" (righe 38-39) contiene

A. ☒ una riflessione del narratore su se stesso.
B. ☐ una riflessione del narratore sui genitori e sullo zio.
C. ☐ un'opinione dei genitori e dello zio sul narratore.
D. ☐ un'opinione dei genitori e dello zio su se stessi.

A9 Il narratore è pensieroso e preoccupato perché

A. ☐ forse si è perso.
B. ☒ il locandiere lo ha messo a disagio.
C. ☐ teme di aver gestito male un affare.
D. ☐ ha dimenticato la stoffa a casa.

A10 Nel testo il narratore ricorda alcuni fatti accaduti in precedenza, raccontandoli in flashback. Leggi gli eventi elencati sotto e mettili in ordine CRONOLOGICO, cioè non come compaiono nel brano ma partendo da quello che si è verificato per primo fino ad arrivare a quello che si è verificato per ultimo.

A. [5] Il narratore osserva incantato la mercanzia di un venditore.
B. [3] Il narratore incontra un contadino a cui chiede indicazioni.
C. [7] Il narratore, preoccupato, smette di mangiare.
D. [4] Il narratore giunge a una locanda.
E. [6] Al narratore viene servita la cena.
F. [8] Il narratore acquista della stoffa.
G. [2] Il narratore teme di essersi perso.
H. [1] Il narratore parte per raggiungere lo zio e il padre.

LETTURA E COMPRENSIONE

Parte B - TESTO ARGOMENTATIVO

Leggi il testo e poi rispondi alle domande.

educazione CIVICA

La Costituzione delle Piante

La Nazione delle Piante (...) rappresenta la più popolosa, importante e diffusa nazione della Terra (soltanto gli alberi sono oltre 3000 miliardi). Costituita da ogni singolo essere vegetale presente sul pianeta, è la nazione da cui ogni altro essere dipende.
Credevate che le superpotenze fossero le vere padrone della Terra o pensavate di dipendere dai mercati di Stati Uniti, Cina e Unione Europea? Beh, vi sbagliavate. La Nazione delle Piante è l'unica, vera ed eterna potenza planetaria. Senza le piante, gli animali non esisterebbero; la vita stessa sul pianeta, forse, non esisterebbe e, qualora esistesse, sarebbe qualcosa di terribilmente diverso. Grazie alla fotosintesi, le piante producono tutto l'ossigeno libero presente sul pianeta e tutta l'energia chimica consumata dagli altri esseri viventi. Esistiamo grazie alle piante e potremo continuare a esistere soltanto in loro compagnia. Avere sempre chiara questa nozione ci sarebbe di grande aiuto.

Anche se si comporta come se lo fosse, l'uomo non è affatto il padrone della Terra, ma soltanto uno dei suoi condòmini più spiacevoli e molesti. Così dal momento del suo arrivo, circa 300.000 anni fa - nulla se confrontati con la storia della vita, che risale a tre miliardi e ottocento milioni di anni fa -, l'uomo è riuscito nella difficile impresa di cambiare così drasticamente le condizioni del pianeta da renderlo un luogo pericoloso per la sua stessa sopravvivenza.
(...) Ultimi arrivati sul pianeta, ci comportiamo come dei bambini che combinano disastri, inconsapevoli del valore e del significato delle cose con cui giocano.

Ho immaginato le piante come genitori premurosi che, dopo averci reso possibile vivere, si sono resi conto della nostra incapacità di svilupparci autonomamente e corrono di nuovo in nostro soccorso, regalandoci delle regole da seguire come vademecum[1] per la sopravvivenza della nostra specie. Queste regole sono la loro stessa "costituzione", che noi abbiamo immaginato e scritto per dare loro voce.

---

1. **vademecum:** breve testo contenente delle istruzioni o delle regole di comportamento.

Questa costituzione, basandosi sui principi generali che regolano la convivenza delle piante, stabilisce delle norme che hanno come soggetto tutti gli esseri viventi. L'uomo, infatti, non è al centro dell'universo, ma solo una fra i milioni di specie che formano la comunità dei viventi del pianeta. È tutta questa comunità il soggetto della costituzione vegetale; non una singola specie o pochi gruppi di specie, ma tutta la vita nel suo insieme.

LA CARTA DEI DIRITTI DELLE PIANTE

ART. 1 La Terra è la casa comune della vita. La sovranità appartiene a ogni essere vivente.

ART. 2 La Nazione delle Piante riconosce e garantisce i diritti inviolabili delle comunità naturali come società basate sulle relazioni fra gli organismi che le compongono.

ART. 3 La Nazione delle Piante non riconosce le gerarchie animali, fondate su centri di comando e funzioni concentrate, e favorisce democrazie vegetali e decentralizzate.

ART. 4 La Nazione delle Piante rispetta universalmente i diritti dei viventi attuali e quelli delle prossime generazioni.

ART. 5 La Nazione delle Piante garantisce il diritto all'acqua, al suolo e all'atmosfera puliti.

ART. 6 Il consumo di qualsiasi risorsa non ricostituibile per le generazioni future dei viventi è vietato.

ART. 7 La Nazione delle Piante non ha confini. Ogni essere vivente è libero di transitarvi, trasferirsi, vivervi senza alcuna limitazione.

ART. 8 La Nazione delle Piante riconosce e favorisce il mutuo appoggio fra le comunità naturali di esseri viventi come strumento di convivenza e progresso.

(da Stefano Mancuso, *La Nazione delle Piante*, Laterza, 2019)

B1 **Come si legge nel brano introduttivo, la Nazione delle Piante comprende**

A. ☐ tutti gli alberi.
B. ☐ tutte le piante tranne gli alberi.
C. ☐ le piante e gli animali che vi abitano.
D. ☒ tutti i vegetali.

B2 **Quale frase può sostituire la proposizione "qualora esistesse" (riga 9)?**

A. ☐ Sebbene esistesse.
B. ☐ Per quanto esistesse.
C. ☒ Se esistesse.
D. ☐ Nonostante esistesse.

B3 **Indica quali affermazioni riportate nella tabella sono presenti nel brano. Metti una crocetta per ogni riga.**

	è presente	non è presente
a. Le piante riducono l'inquinamento.		✓
b. Le piante sono molto più numerose degli altri esseri viventi presenti nella Terra.	X	
c. Le piante liberano ossigeno.	X	
d. Le piante rendono possibile l'esistenza delle specie animali.	X	
e. Le piante riducono il rischio di frane.		X
f. Le piante assorbono anidride carbonica.	X	
g. Le piante producono energia per gli altri esseri viventi.	X	

B4 **A che cosa vengono paragonati dall'autore gli esseri umani, incapaci di garantire la loro stessa sopravvivenza, e le piante, che vengono in loro soccorso?**

A. Esseri umani: A BAMBINI CHE COMBINANO DISASTRI

B. Piante: DANNO L'OSSIGENO

B5 **Secondo quanto riporta il brano, quando è cominciata la vita sulla Terra?**

300.000 ANNI FA'

B6 **La Costituzione delle Piante è una carta che riguarda**

A. ☐ piante e animali.
B. ☒ tutte le piante.
C. ☐ tutti gli esseri viventi.
D. ☐ tutti gli esseri viventi e non viventi.

B7 **Secondo l'articolo 3 della Carta dei Diritti delle Piante l'organizzazione sociale delle piante è diversa da quella degli animali e degli esseri umani. Rispondi alle domande.**

A. In che cosa consiste la differenza?

____

B. Quale forma di governo incoraggia?

LA DEMOCRAZIA

B8 **Che cosa significa "puliti" all'articolo 5?**

NON INQUINATA

B9 **Quale articolo stabilisce che, a differenza di quanto accade per gli esseri umani, tra le piante non esistono stati e delimitazioni del territorio?**

ARTICOLO 7

B10 **Quale dei seguenti aggettivi è un sinonimo di "mutuo" (riga 50)?**

A. ☒ Reciproco.
B. ☐ Costante.
C. ☐ Disinteressato.
D. ☒ Dovuto.

LETTURA E COMPRENSIONE

Parte C - TESTO INFORMATIVO

Leggi il testo e poi rispondi alle domande.

educazione CIVICA

Che cos'è il *fair play*

Il *fair play*, letteralmente "gioco corretto", è un concetto che nasce in Inghilterra nell'Ottocento e viene concepito inizialmente per le competizioni sportive. Con il tempo si fa spazio in altri ambiti e si diffonde anche nei rapporti sociali e nella politica, perché il *fair play*, ormai, non rappresenta solo un modo di comportarsi, ma anche un modo di pensare. Definirlo come il semplice rispetto delle regole nel gioco sarebbe riduttivo, poiché si tratta di un concetto che si collega e ne presuppone altri, di grande rilevanza, quali l'amicizia, il rispetto degli altri e dell'avversario, lo spirito sportivo.

Il *fair play* è al centro del Codice Europeo di Etica Sportiva (1992), come elemento necessario e non accessorio: deve guidare un approccio allo sport che vede come principi cardine la lotta ai brogli, al doping[1], alla violenza verbale e fisica, alle discriminazioni. Un criterio guida, quindi, a cui tutti coloro che promuovono esperienze sportive per giovani e bambini devono attribuire la massima priorità.

Praticare uno sport con *fair play* significa avere l'opportunità di conoscersi più a fondo, di fissare e raggiungere obiettivi attraverso l'impegno e la costanza, di integrarsi con gli altri e interagire, di divertirsi e dimostrare le proprie abilità tecniche.

Quando lo sport non viene contaminato da interessi politici ed economici, dall'ignoranza e dalla prepotenza, è una delle attività maggiormente formative ed educative. Tra le principali caratteristiche dell'attività sportiva infatti c'è sicuramente l'immediatezza del suo linguaggio, che la rende comprensibile a tutti e capace di trasmettere valori fondamentali e universalmente condivisi, quali la capacità di assumersi responsabilità, l'interazione sociale, l'acquisizione di abilità tecniche e una conoscenza più profonda di sé stessi.

In particolare, quando si parla di sport e di *fair play*, che si tratti di atleti o di tifosi, è importante attenersi ai seguenti principi:

- giocare per divertirsi;
- giocare con lealtà;
- rispettare le regole del gioco;
- rispettare i compagni di squadra, gli avversari, gli arbitri e gli spettatori;
- accettare la sconfitta con dignità;

1. **doping**: uso di sostanze proibite dai regolamenti, allo scopo di migliorare le prestazioni atletiche.

- rifiutare il doping, il razzismo, la violenza e la corruzione;
- essere generosi verso il prossimo e soprattutto verso i più bisognosi;
- aiutare gli altri a resistere nelle difficoltà;
- denunciare coloro che tentano di screditare lo sport;
- onorare coloro che difendono lo spirito olimpico dello sport.

Dirigente sportivo, pedagogista[2] e storico francese, conosciuto per essere stato il fondatore dei moderni Giochi olimpici, Pierre de Coubertin amava ripetere che "l'importante non è vincere, ma partecipare". Un concetto semplice, ma colmo di saggezza, che nella pratica è stato messo in atto attraverso incredibili esempi di *fair play*. Per esempio, nel 1964, durante l'edizione dei Giochi di Innsbruck, nel corso della finale della gara a squadre di bob, la squadra britannica riscontrò un problema tecnico che, se non risolto, le avrebbe impedito di gareggiare: in quell'occasione, l'atleta italiano Eugenio Monti prestò agli avversari il suo bullone per permettere loro di continuare la competizione, che poi avrebbero vinto. Ciò che colpì di quell'episodio non fu soltanto il gesto di grande sportività del campione, ma il modo in cui l'azzurro commentò la sconfitta: «Hanno vinto perché sono andati più veloci, non perché gli ho prestato il mio bullone».

Durante le Olimpiadi di Atene del 2004 il campione di nuoto Michael Phelps, dopo aver conquistato sei medaglie d'oro per le sue straordinarie performance, decise di non partecipare alla gara della staffetta 4×100 per dare la possibilità a un suo compagno di squadra di salire sul podio e provare quell'emozione preziosa.

(rid. e adatt. da *eticanellosport.com*)

2. **pedagogista**: specialista dei processi educativi e dell'apprendimento.

C1 Il testo è suddiviso in paragrafi. Riporta nella tabella i seguenti titoli, associandoli ai paragrafi corretti.

Principi del *fair play* • Definizione di *fair play* • Il valore dello sport • Esempi concreti di *fair play* • Il *fair play* come elemento chiave dello sport

paragrafo	titolo
a. dalla riga 1 alla riga 8	
b. dalla riga 9 alla riga 16	
c. dalla riga 17 alla riga 23	
d. dalla riga 24 alla riga 35	
e. dalla riga 36 alla riga 51	

C2 Il *fair play* è

A. ☐ un atteggiamento di rispetto delle regole nato nel contesto sociale e politico.
B. ☐ un modo per praticare sport in modo sano e utile.
C. ☐ una serie di principi a cui attenersi solo quando si pratica un determinato sport.
D. ☐ una mentalità di rispetto e sportività che riguarda diversi aspetti della vita.

C3 **Perché, secondo il brano, lo sport è un modo semplice per insegnare a tutti alcuni valori fondamentali?**

____

C4 **Chi era Pierre de Coubertin?**

A. ☐ Un atleta olimpico francese.
B. ☐ L'inventore delle prime Olimpiadi.
C. ☐ L'ideatore delle Olimpiadi così come le conosciamo.
D. ☐ Un politico francese.

C5 **In cosa consiste il particolare gesto di *fair play* compiuto da Michael Phelps durante le Olimpiadi del 2004?**

A. ☐ Aiutò un compagno di squadra a vincere la staffetta insieme a lui.
B. ☐ Cedette il suo posto nella staffetta a un compagno di squadra.
C. ☐ Cedette una delle molte medaglie da lui vinte a un compagno di squadra.
D. ☐ Permise a un'altra squadra di vincere la staffetta 4x100.

C6 **Quali delle seguenti affermazioni sono vere e quali false?**
Metti una crocetta per ogni riga.

	vero	falso
a. Il concetto di *fair play* è presente da sempre nello sport.		
b. Il *fair play* è nato nel XIX secolo in Europa.		
c. Nel Codice Europeo di Etica Sportiva il *fair play* è presentato come un criterio guida per lo sport.		
d. I principi del *fair play* riguardano esclusivamente gli atleti.		
e. Il *fair play* consiste anche nel difendere il valore dello sport.		
f. Praticare il *fair play* consiste anche nell'accettare la propria sconfitta.		

Parte D - LESSICO

D1 Scrivi un nome derivato per ciascuno dei nomi primitivi elencati nella tabella.

primitivo	derivato
a. carta	
b. mano	
c. tela	
d. via	
e. oggetto	

D2 Nelle frasi che seguono manca la stessa parola, usata con significati di volta in volta diversi. Scrivi la parola mancante negli spazi corrispondenti.

- Guardate bene la ______________ a pagina 15.
- Con quel vestito hai fatto proprio una bella ______________ .
- La poesia dello Stilnovo introduce la ______________ della donna angelicata.

D3 Quale dei seguenti aggettivi è un sinonimo di "astruso"?

A. ☐ Estroverso.
B. ☐ Bizzarro.
C. ☐ Usuale.
D. ☐ Ottuso.

D4 Sottolinea in ciascuna lista di aggettivi quello che non si abbina al nome indicato.

A. Una lezione: impegnativa – causale – frontale – interessante
B. Un libro: corposo – lenitivo – fantastico – intrigante
C. Una persona: brillante – acuta – misteriosa – torrenziale

Parte E – RIFLESSIONE SULLA LINGUA

E1 Quale delle seguenti frasi contiene un errore di ortografia?

A. ☐ Me l'hai detto tu, te lo ricordi?
B. ☐ Ve l'avevo detto: non c'è più niente da fare.
C. ☐ Ce n'è sono ancora di quei dolcetti così buoni?
D. ☐ Mi ha detto che la palla te la restituirà domani.

E2 Quale delle seguenti frasi contiene un errore nell'uso della virgola?

A. ☐ L'uomo, che si chiamava Mark, si presentò alla porta.
B. ☐ Mi ha chiesto se volevamo aspettare, o partire subito dopo.
C. ☐ Se fai così, non potremo più fidarci di te.
D. ☐ Mia sorella Anna, va a scuola in motorino.

E3 Nella frase "Mi sono comportato male e non ne vado fiero" il pronome "ne" sostituisce

A. ☐ un nome.
B. ☐ un verbo.
C. ☐ una frase.
D. ☐ una coppia nome + aggettivo.

E4 Indica se il termine "prima", sottolineato in ciascuna frase, ha funzione di attributo, nome del predicato o complemento predicativo. Metti una crocetta per ogni riga.

	attributo	nome del predicato	complemento predicativo
a. Giulia si è classificata prima alle gare regionali.			
b. La prima cosa che faremo è riposarci.			
c. Mia sorella è la prima della fila, la vedi?			

E5 In quale delle seguenti frasi il termine "vicino" ha funzione di avverbio?

A. ☐ Il mio vicino è molto simpatico.
B. ☐ Vicino alla mia scuola c'è un bel parco.
C. ☐ Nel condominio vicino al nostro vive Giacomo.
D. ☐ Non preoccuparti, rimarremo qui vicino.

E6 In quale dei seguenti periodi la congiunzione "mentre" ha valore avversativo e non temporale?

A. ☐ Mentre correvo verso la fermata, ho perso l'autobus.
B. ☐ Giulia è una grande lettrice mentre sua sorella non ha interesse per i libri.
C. ☐ Mi piace guardare il telegiornale mentre faccio colazione.
D. ☐ Mentre i ragazzi riordinano, tu potresti preparare la cena?

E7 In quale dei seguenti periodi è presente una frase incidentale?

A. ☐ Questo – nonostante tutto – è il nostro pensiero.
B. ☐ La macchina avanzava lenta – era caduta molta neve – e rischiava di sbandare.
C. ☐ Gioele, che è in classe con me, frequenta un corso di informatica.
D. ☐ Il vento, soffiando tra le fronde, produceva un rumore metallico.

Il mio risultato Calcola 1 punto per ogni risposta esatta.

PARTE A	PARTE B	PARTE C	PARTE D	PARTE E	TOTALE
____/10	____/10	____/6	____/4	____/7	____/37

Ho trovato la prova...

☐ difficile
☐ più semplice di quanto pensassi
☐ adeguata alle mie aspettative e capacità
☐ altro ____________

LETTURA E COMPRENSIONE

Parte A - TESTO ARGOMENTATIVO

Leggi il testo e poi rispondi alle domande.

Le piccole virtù

Per quanto riguarda l'educazione dei figli, penso che si debbano insegnar loro non le piccole virtù, ma le grandi. Non il risparmio, ma la generosità e l'indifferenza al denaro; non la prudenza, ma il coraggio e lo sprezzo del pericolo; non l'astuzia, ma la schiettezza e l'amore per la verità; non la diplomazia, ma l'amore per il prossimo e l'abnegazione; non il desiderio del successo, ma il desiderio di essere e sapere.
Di solito invece facciamo il contrario: ci affrettiamo a insegnare il rispetto per le piccole virtù, fondando su di esse tutto il nostro sistema educativo. Scegliamo, in questo modo, la via più comoda: perché le piccole virtù non racchiudono alcun pericolo materiale, e anzi tengono al riparo dai colpi della fortuna. Trascuriamo d'insegnare le grandi virtù, e tuttavia le amiamo, e vorremmo che i nostri figli le avessero: ma nutriamo fiducia che scaturiscano spontaneamente dal loro animo, un giorno avvenire, ritenendole di natura istintiva, mentre le altre, le piccole, ci sembrano frutto di una riflessione e di un calcolo e perciò pensiamo che debbano assolutamente essere insegnate.
In realtà la differenza è solo apparente. Anche le piccole virtù provengono dal profondo del nostro istinto, da un istinto di difesa: ma in esse la ragione parla, sentenzia, disserta, brillante avvocato dell'incolumità personale. Le grandi virtù sgorgano da un istinto in cui la ragione non parla, un istinto a cui mi sarebbe difficile dare un nome. E il meglio di noi è in quel muto istinto: e non nel nostro istinto di difesa, che argomenta, sentenzia, disserta con la voce della ragione. L'educazione non è che un certo rapporto che stabiliamo fra noi e i nostri figli, un certo clima in cui fioriscono i sentimenti, gli istinti, i pensieri. Ora io credo che un clima tutto ispirato al rispetto delle piccole virtù maturi sensibilmente al cinismo, o alla paura di vivere. Le piccole virtù, in se stesse, non hanno nulla da fare con il cinismo, o con la paura di vivere: ma tutte insieme, e senza le grandi, generano un'atmosfera che porta a quelle conseguenze. Non che le piccole virtù, in se stesse, siano spregevoli: ma il loro valore è di ordine complementare e non sostanziale; esse non possono stare da sole senza le altre, e sono, da sole senza le altre, per la natura umana un povero cibo. Il modo di esercitare le piccole virtù, in misura temperata e quando sia del tutto indispensabile, l'uomo può trovarlo intorno a sé e berlo nell'a-

ria: perché le piccole virtù sono di un ordine assai comune e diffuso tra gli uomini. Ma le grandi virtù, quelle non si respirano nell'aria: e debbono essere la prima sostanza del nostro rapporto coi nostri figli, il primo fondamento dell'educazione. Inoltre, il grande può anche contenere il piccolo: ma il piccolo, per legge di natura, non può in alcun modo contenere il grande.

(da Natalia Ginzburg, *Le piccole virtù*, Einaudi, 1962)

A1 All'inizio del brano l'autrice elenca una serie di virtù, piccole e grandi. Quali sono quelle grandi? Trascrivile qui sotto.

____

____

____

A2 Che cosa significa "schiettezza" (riga 4)?

A. ☐ Sincerità. B. ☐ Semplicità. C. ☐ Intelligenza. D. ☐ Immediatezza.

A3 Perché l'autrice afferma che insegnando le piccole virtù si sceglie "la via più comoda" (riga 8)?

A. ☐ Le piccole virtù sono facili da insegnare.
B. ☐ Le piccole virtù non mettono i genitori contro i figli.
C. ☐ Le piccole virtù sono condivise da tutti.
D. ☐ Le piccole virtù non comportano rischi.

A4 **Con quale espressione puoi sostituire le parole "un giorno avvenire" (riga 12)?**

A. ☐ Un giorno o l'altro.
B. ☐ Un giorno futuro.
C. ☐ Un giorno qualunque.
D. ☐ Un giorno, forse.

A5 **L'espressione "brillante avvocato dell'incolumità personale" (riga 17) è una personificazione. Quale facoltà umana rappresenta?**

A. ☐ L'istinto.
B. ☐ La capacità di difendersi.
C. ☐ La ragione.
D. ☐ La bravura nel parlare.

A6 **L'autrice dà una definizione del concetto di "educazione". Riporta le sue parole.**

____

____

A7 **Quale espressione sostituisce il pronome indefinito "le altre" (riga 28)?**

A. ☐ Le piccole virtù.
B. ☐ Le grandi virtù.
C. ☐ Le virtù.
D. ☐ Le conseguenze.

A8 **Indica quali opinioni riportate nella tabella sono espresse dall'autrice nel brano e quali no. Metti una crocetta per ogni riga.**

	sì	no
a. Di solito i genitori si preoccupano di trasmettere prima le grandi e poi le piccole virtù.		
b. Tutte le virtù nascono da istinti profondi.		
c. Le piccole virtù, prese una per una, generano la paura di vivere e il cinismo.		
d. Le grandi virtù devono essere trasmesse dai genitori, perché non si apprendono spontaneamente.		
e. Insegnando le grandi virtù, si possono trasmettere anche quelle piccole.		

LETTURA E COMPRENSIONE
Parte B - TESTO NARRATIVO

Leggi il testo e poi rispondi alle domande.

La prima poesia

La scrivo in quarta elementare. Parla di due pulcini che litigano per un seme. Poi ne scrivo un'altra che si intitola *Le qualità dell'albero*. È in rima, la imparo a memoria. Inizio a scrivere una storia lunga su un quaderno della banca. Scrivo una decina di capitoli. Disegno la copertina. *La valle degli unicorni*. Mi piace scrivere. Quando sono in macchina invento delle storie su quello che vedo.

Poi cresco un poco e non scrivo più.

Scopro però che esiste un posto dove si possono prendere libri in prestito. Faccio le medie quando entro per la prima volta in una biblioteca e prendo il mio primo libro. Non so che cosa prendere. Non conosco nulla ma non voglio libri per bambini. Vado davanti allo scaffale della poesia perché la poesia non mi mette in imbarazzo. A scuola ho letto Pascoli e Leopardi. Mi sembra che posso capirla e se non la capisco non importa. Si ammucchia dentro come grano in un fienile. Prendo un libro rivestito con un tessuto azzurro come il cielo. Ha così tante pagine che la carta è come quella della Bibbia di casa. Il titolo mi piace, *Foglie d'erba*.

Decido che è il libro giusto.

Ricomincio a scrivere a quattordici anni. Scrivo cose che non sapevo di pensare. La mia prima poesia vera si chiama *I miei pensieri*. Nella poesia li divido in quelli di giorno e quelli di notte. Negli anni che sono passati sono successe tante cose. Non sono più quella che ero prima. Non so cosa sarò. Scrivere è come aprire il bocciolo del papavero per vedere se è bianco, rosa o rosso senza ucciderlo. Aprirlo tante volte, tante volte richiuderlo.

Quella prima poesia, quando la rileggo, fa un po' paura. Fa paura perché io ho paura. Eppure quando scrivo non ho paura di niente.

(da Silvia Vecchini, *C'è questo in me*, Topipittori, 2019)

B1 Quali delle seguenti caratteristiche appartengono alla prima poesia scritta dall'autrice? Metti una crocetta per ogni riga.

	sì	no
a. È in rima.		
b. Si intitola *La valle degli unicorni.*		
c. Parla di due pulcini.		
d. Riguarda un albero.		
e. L'autrice la impara a memoria.		
f. L'autrice la scrive in quarta elementare.		

B2 Da quello che afferma l'autrice, quanti anni circa possiamo presumere che abbia quando comincia a frequentare la biblioteca?

A. ☐ 9
B. ☐ 10
C. ☐ 12
D. ☐ 14

B3 Perché l'autrice, in biblioteca, sceglie di cercare poesie piuttosto che un altro genere di testi?

____

B4 La frase "Ha così tante pagine che la carta è come quella della Bibbia di casa" (riga 15) lascia intendere che la carta del libro in questione sia

A. ☐ pregiata.
B. ☐ leggera.
C. ☐ antica.
D. ☐ ruvida.

B5 Secondo quanto puoi desumere dal testo, *Foglie d'erba* è il titolo di

A. ☐ una poesia scritta dall'autrice.
B. ☐ una poesia scritta da un altro autore.
C. ☐ un romanzo letto dall'autrice.
D. ☐ una raccolta di poesie letta dall'autrice.

B6 Che effetto fa all'autrice rileggere oggi la sua prima poesia vera?

A. ☐ La riempie di orgoglio.
B. ☐ La imbarazza.
C. ☐ La stupisce.
D. ☐ La impaurisce.

B7 In base al testo, quali delle seguenti affermazioni sulla scrittura sono vere per l'autrice e quali sono false? Metti una crocetta per ogni riga.

	vero	falso
a. Aiuta a fare luce sui propri pensieri.		
b. È qualcosa di pauroso e pericoloso.		
c. Fa scoprire delle cose.		
d. Non va bene per i ragazzi delle medie.		

B8 A che genere di testo potrebbe appartenere il brano che hai letto?

A. ☐ Un diario.
B. ☐ Un'autobiografia.
C. ☐ Un'intervista.
D. ☐ Un testo poetico.

LETTURA E COMPRENSIONE

Parte C - TESTO ARGOMENTATIVO

Leggi il testo e poi rispondi alle domande.

Abolire la guerra

Lavorando in regioni devastate dalle guerre da ormai più di 25 anni, ho potuto toccare con mano questa crudele e triste realtà e ho percepito l'entità di questa tragedia sociale, di questa carneficina[1] di civili[2], che si consuma nella maggior parte dei casi in aree in cui le strutture sanitarie sono praticamente inesistenti.

Ogni volta, nei vari conflitti nell'ambito dei quali abbiamo lavorato, indipendentemente da chi combattesse contro chi e per quale ragione, il risultato era sempre lo stesso: la guerra non significava altro che l'uccisione di civili, morte, distruzione. La tragedia delle vittime è la sola verità della guerra.

Confrontandoci quotidianamente con questa terribile realtà, abbiamo concepito l'idea di una comunità in cui i rapporti umani fossero fondati sulla solidarietà e il rispetto reciproco.

In qualità di testimone delle atrocità della guerra, ho potuto vedere come la scelta della violenza abbia - nella maggior parte dei casi - portato con sé solo un incremento della violenza e delle sofferenze. La guerra è un atto di terrorismo e il terrorismo è un atto di guerra: il denominatore è comune, l'uso della violenza.

Sessanta anni dopo, ci troviamo ancora davanti al dilemma posto nel 1955 dai più importanti scienziati del mondo nel cosiddetto Manifesto di Russell-Einstein: *"Metteremo fine al genere umano o l'umanità saprà rinunciare alla guerra?"*.

È possibile un mondo senza guerra per garantire un futuro al genere umano?

Molti potrebbero eccepire che le guerre sono sempre esistite. È vero, ma ciò non dimostra che il ricorso alla guerra sia inevitabile, né possiamo presumere che un mondo senza guerra sia un traguardo impossibile da raggiungere. Il fatto che la guerra abbia segnato il nostro passato non significa che debba essere parte anche del nostro futuro.

Come medico, potrei paragonare la guerra al cancro. Il cancro opprime l'umanità e miete molte vittime: significa forse che tutti gli sforzi compiuti dalla medicina sono inutili? Al contrario, è proprio il persistere di questa devastante malattia che ci spinge a moltiplicare gli sforzi per prevenirla e sconfiggerla.

Concepire un mondo senza guerra è il problema più stimolante al quale il gene-

---

1. **carneficina:** strage.
2. **civili:** non soldati.

re umano debba far fronte. È anche il più urgente. Gli scienziati atomici, con il loro Orologio dell'apocalisse, stanno mettendo in guardia gli esseri umani: *"L'orologio ora si trova ad appena tre minuti dalla mezzanotte perché i leader internazionali non stanno eseguendo il loro compito più importante: assicurare e preservare la salute e la vita della civiltà umana"*.

La maggiore sfida dei prossimi decenni consisterà nell'immaginare, progettare e implementare le condizioni che permettano di ridurre il ricorso alla forza e alla violenza di massa fino alla completa disapplicazione di questi metodi. La guerra, come le malattie letali, deve essere prevenuta e curata. La violenza non è la medicina giusta: non cura la malattia, uccide il paziente.

(rid. dal discorso pronunciato da Gino Strada alla cerimonia di consegna del Right Livelihood Award 2015, *www.emergency.it*)

C1 Quali delle seguenti affermazioni sono contenute nel testo? Metti una crocetta per ogni riga.

	sì	no
a. Le guerre colpiscono in egual misura civili e militari.		
b. La popolazione civile è più colpita dalla guerra nei Paesi dove le strutture sanitarie sono carenti.		
c. A volte ricorrere alla violenza può risolvere i conflitti.		
d. La guerra è parte della natura umana, quindi non può essere del tutto eliminata.		
e. Il problema di come eliminare la guerra è sorto negli ultimi anni.		
f. La guerra è il problema principale da risolvere in futuro.		

C2 **Qual è la professione di chi ha pronunciato questo discorso?**

____

C3 **Quali sono i due valori sui quali, secondo il testo, dovrebbe fondarsi una società?**

1. ____

2. ____

C4 **Secondo l'autore, che cos'hanno principalmente in comune la guerra e il terrorismo?**

A. ☐ Colpiscono principalmente i civili.
B. ☐ L'uso della violenza.
C. ☐ Prevedono l'uso di armi atroci.
D. ☐ Colpiscono i Paesi sottosviluppati.

C5 **A un certo punto del testo, l'autore presenta una contro-argomentazione al proprio pensiero a favore dell'abolizione delle guerre. Riporta le sue parole.**

____

C6 **Secondo il Manifesto di Russell-Einstein, citato nel brano, bisogna abolire la guerra per fare in modo che**

A. ☐ l'umanità abbia un futuro.
B. ☐ abbia fine la carneficina delle popolazioni civili.
C. ☐ migliorino le condizioni di salute del pianeta.
D. ☐ si trovino metodi alternativi alla violenza.

C7 **L'autore fa un parallelismo tra l'ambito della salute e della medicina e quello della guerra. A che cosa paragona la guerra?**

____

C8 **Con quale termine puoi sostituire il verbo "implementare" (riga 36)?**

A. ☐ Rendere implicito.
B. ☐ Migliorare.
C. ☐ Creare.
D. ☐ Inventare.

LETTURA E COMPRENSIONE

Parte D - TESTO NON CONTINUO

educazione CIVICA

Osserva il biglietto del treno qui riprodotto e poi rispondi alle domande.

Leggere un biglietto ferroviario

© CIT 2006 - Ordine di stampa 6/2012

7143884
TRENITALIA

TRENO ORDINARIO
DA CONVALIDARE

N. 1 ADULTI

UTILIZZABILE DAL 18/11/22 AL 18/11/23

Partenza	Arrivo	Classe
SIENA	FIRENZE	2

VIA EMPOLI*

KM 97

TARIFFA INTERA TAR.39/01
VALE 6H DA CONVALIDA

EUR *****8,50

TOT.BIGL.N. 1

P.IVA 05403151003

0749JI7143884

00220 0636 SIENA 281212 19:20 00682-201

CONDIZIONI DI TRASPORTO
Il contratto di trasporto è disciplinato dalle "Condizioni Generali di trasporto dei passeggeri di Trenitalia".
Maggiori informazioni su "Condizioni Generali di trasporto" e "modalità di convalida del biglietto" presso le Biglietterie delle stazioni, le agenzie di viaggio e nella sezione Trenitalia/Area Clienti del sito www.trenitalia.com/area clienti/condizioni di trasporto

MODALITA' DI CONVALIDA DEL BIGLIETTO

I biglietti e gli abbonamenti per i treni regionali devono essere sempre convalidati alla obliteratrice prima di salire a bordo treno. Per tali titoli di viaggio la validità decorre dal momento della convalida.
I viaggiatori con titolo di viaggio non convalidato incorrono nel pagamento di sanzioni. Nel caso non fosse possibile convalidare il titolo di viaggio per mancanza o guasto delle obliteratrici, il viaggiatore deve rivolgersi, all'atto della salita, al personale di bordo che convaliderà il biglietto senza applicare alcuna sanzione.

VALIDATION OF THE TICKET
Tickets not including seat reservation must always be validated. Lack of validation can result in fines. For further information please check our website www.trenitalia.com or go to one of our Trenitalia Ticketing and Assistance customer centres.

ATTENZIONE Non tentare di salire al volo o di aprire le porte quando il treno si muove e non salire o scendere dal treno al di fuori dei marciapiedi delle stazioni.

D1 **Quanto è lungo il tragitto in treno coperto da questo biglietto?**

____

D2 **Quanto impiegherà il treno ad arrivare a destinazione, secondo quanto puoi dedurre dal biglietto?**

A. ☐ Non è specificato.
B. ☐ Sei ore.
C. ☐ Un'ora circa.
D. ☐ Dipende dal tipo di treno.

D3 **Quale città si trova lungo il tragitto che compirà il treno?**

____

D4 **Il biglietto può essere usato**

A. ☐ da una sola persona.
B. ☐ da due adulti.
C. ☐ da una persona e da chi viaggia con lei.
D. ☐ solo da chi l'ha acquistato.

D5 **Sul documento sono riportati alcuni obblighi. Quale tra i seguenti NON vale per questo biglietto?**

A. ☐ Deve essere convalidato.
B. ☐ Deve essere usato entro 6 ore da quando viene timbrato.
C. ☐ Deve essere esibito insieme a un documento di identità.
D. ☐ Deve essere usato entro una certa data.

D6 **Sul retro del biglietto sono riportate le condizioni di viaggio (a destra) e delle statistiche riguardanti le emissioni di anidride carbonica nell'ambiente (a sinistra). Segna quali delle seguenti affermazioni sono vere e quali sono false in base a quanto è scritto sul biglietto.**

	vero	falso
a. Viaggiare in treno è più ecologico che viaggiare in auto o in aereo.		
b. Il mezzo che emette più CO_2, quindi il mezzo più inquinante, è l'automobile.		
c. Questo biglietto si può usare per la tratta Napoli-Milano oppure per la tratta Roma-Venezia.		
d. È possibile non convalidare il biglietto alle obliteratrici, ma bisogna dirlo subito al controllore o al capotreno per non prendere una multa.		
e. Un biglietto del treno è valido dal momento in cui viene stampato dalla biglietteria.		

D7 **Quali sono i tre luoghi, fisici o virtuali, dove puoi trovare informazioni dettagliate circa le condizioni che regolano il viaggio in treno? Riportali qui sotto.**

____

____

Parte E - LESSICO

E1 **I seguenti elenchi di parole contengono degli "iponimi", cioè parole con un significato più ristretto rispetto a un termine "iperonimo", che le comprende tutte. Scrivi l'iperonimo corretto per ciascun elenco.**

A. garofano – margherita – rosa – iris ______________________

B. veliero – nave – catamarano – canoa ______________________

C. riso – frumento – granturco – segale ______________________

D. scooter – automobile – autobus – bicicletta ______________________

E2 **Riscrivi in ordine alfabetico le seguenti parole.**

buio • bellezza • baia • barca • bottone • borsa • baratto

____

E3 **Indica il significato dell'espressione idiomatica (modo di dire) sottolineata nella frase che segue.**

Quando mia zia viaggia in treno, è capace di attaccare bottone con chiunque.

A. ☐ Aggiustare i bottoni delle camicie.
B. ☐ Discutere, litigare.
C. ☐ Iniziare una conversazione.
D. ☐ Protestare, lamentarsi.

E4 **In quali dei seguenti termini il prefisso "filo" ha lo stesso significato che assume nella parola "filosofo"?**

A. ☐ Filodiffusione.
B. ☐ Filovia.
C. ☐ Filodrammatico.
D. ☐ Filobus.

E5 **Quali dei seguenti termini sono falsi alterati? Sottolineali.**

rubinetto • cancello • libretto • burrone • camicetta • pentolino

E6 **In quale delle seguenti frasi la parola "verde" è usata in senso NON letterale?**

A. ☐ Quel maglione verde ti sta molto bene.
B. ☐ Le correzioni in verde indicano errori di ortografia.
C. ☐ Il mio portafogli è vuoto, sono rimasto al verde.
D. ☐ Puoi attraversare quando il semaforo diventa verde.

Parte F - RIFLESSIONE SULLA LINGUA

F1 In quale delle seguenti frasi è presente un verbo al modo congiuntivo?

A. ☐ Mi pare che così corriamo un grosso rischio.
B. ☐ Andrei volentieri a casa, adesso.
C. ☐ So che facciamo la cosa giusta.
D. ☐ Non ebbero il coraggio di fare niente.

F2 In quale delle seguenti frasi è presente un verbo sostantivato?

A. ☐ Ci sono molti problemi da risolvere.
B. ☐ Vorrei sapere che cosa ne pensi di questo.
C. ☐ Posso rivelarti un segreto?
D. ☐ Studiare è importante per il proprio futuro.

F3 Qual è il soggetto delle frasi seguenti? Scrivilo accanto a ciascuna frase.

A. Non mi piacciono le persone come lei. ______________________
B. Dovete andarvene di già? ______________________
C. È stata inaugurata una bellissima mostra. ______________________
D. Mi presteresti una penna, per favore? ______________________
E. Se ne andarono tutti a casa. ______________________

F4 In quale delle seguenti frasi è presente un complemento di causa efficiente?

A. ☐ Per via della grandine, il tetto della casa è andato distrutto.
B. ☐ Dalla gran fretta, avevo dimenticato a casa l'ombrello.
C. ☐ Molto spesso ci facciamo influenzare dagli amici.
D. ☐ I nostri progetti per il fine settimana sono stati rovinati dal maltempo.

F5 Nel periodo "Abbiamo il timore <u>che la situazione possa peggiorare</u>" che tipo di proposizione è quella sottolineata?

A. ☐ Oggettiva esplicita.
B. ☐ Soggettiva implicita.
C. ☐ Interrogativa indiretta implicita.
D. ☐ Dichiarativa esplicita.

F6 Indica se nei periodi che seguono il pronome relativo "che" funziona come soggetto o come complemento oggetto.

	soggetto	complemento oggetto
a. La maglietta che mi hai regalato mi sta a pennello.		
b. L'autobus che è appena passato porta in centro.		
c. Vorrei comprare il libro che ti è piaciuto così tanto.		
d. Chi vi ha consigliato la casa che affitterete per le vacanze?		

F7 In quale periodo è presente una proposizione coordinata avversativa?

A. ☐ Anziché perdere tempo, dovreste mettervi al lavoro.
B. ☐ Non avevamo molta fame, tuttavia cucinammo lo stesso qualcosa.
C. ☐ Ero stanco, quindi me ne andai a dormire.
D. ☐ Si comporteranno ancora così oppure cambieranno atteggiamento?

Il mio risultato Calcola 1 punto per ogni risposta esatta.

PARTE A	PARTE B	PARTE C	PARTE D	PARTE E	PARTE F	TOTALE
____/8	____/8	____/8	____/7	____/6	____/7	____/44

Ho trovato la prova...

☐ difficile ☐ più semplice di quanto pensassi ☐ adeguata alle mie aspettative e capacità ☐ altro ____________

LETTURA E COMPRENSIONE

Parte A - TESTO NARRATIVO

Leggi il testo e poi rispondi alle domande.

L'allarme

L'allarme suona verso mezzanotte e mi sveglia con la solita violenza, perché le sirene sono lì, sul campanile della chiesa di Maria Ausiliatrice, a un tiro di fionda dalla mia camera. Non ci penso proprio a scendere nel rifugio, perché sono anni che gli allarmi suonano per annunciare il passaggio dei bombardieri che poi se ne infischiano della nostra piccola città. Mi giro a pancia in giù e infilo la testa sotto il cuscino, per difendermi dall'urlo degli altoparlanti. Quando tacciono, metto fuori la testa come una tartaruga e tendo l'orecchio per ascoltare il cupo ronzio degli apparecchi.

Le prime volte correvamo tutti nei rifugi a soffocare di paura, poi si è visto che gli aerei vanno oltre, a colpire le città più grandi, e nei rifugi non è sceso più nessuno. Anzi. Se l'allarme suona nel pomeriggio o prima di sera, io cerco un punto di osservazione e seguo il volo degli aerei d'argento che scivolano sopra le nostre teste carichi di bombe. Una sera ne ho contati più di cento. Se invece gli allarmi suonano al mattino, durante le ore di scuola, i professori hanno l'obbligo di sgomberare le aule e di portarci tutti quanti nello scantinato, fino al segnale di cessato pericolo. Si può dire che fino a questa notte le incursioni aeree non abbiano causato altro danno, nella nostra città, che la sospensione delle lezioni di scuola - che poi gran danno non è.

Sono sul punto di riprendere sonno, quando arriva il primo, orrendo boato. Salto giù dal letto col cuore che sbatte contro le costole. «Fuori! Fuori!» grida la voce della mamma, al buio, perché la corrente elettrica è saltata. Un altro botto, ancora più forte, e scroscio di vetri spaccati e urla di donne e ululati di cani. Esco nel corridoio e vedo il nonno che mi viene incontro con la lampada in mano e il cappotto sul pigiama. Poi sento che la mamma è dietro di me e mi spinge verso la porta d'ingresso. Mi volto e vedo anche la zia, spettinata, muta, avvolta dalla coperta. Sembrano spettri. Il nonno mi tende la mano, la mamma continua a spingermi, ma io mi libero dalle loro braccia e torno indietro, in camera, e le mie dita tastano ombre fino a quando non toccano il ferro.

Con la bicicletta stretta tra le mani torno in corridoio e avanzo verso la porta di casa, ma le unghie della mamma mi feriscono le braccia e un attimo dopo le sue grida - «Disgraziato, molla subito quella...» - sono spazzate via da un tuono infernale che fa scoppiare le finestre. Ora è di nuovo buio e inciampo sulle ruote della bici e finisco a terra, e quando mi rialzo non so dove andare, qualcuno mi afferra e mi tira in avanti, con forza. Mi ritrovo sulle scale del palazzo, tra sagome nere che rotolano giù alla cieca, e la corrente umana mi trascina fino in fondo, contro la parete gelida della cantina.

(da Nicola Cinquetti, *Il giro del '44*, Bompiani, 2019)

A1 Quando suona la sirena, il narratore non si spaventa molto perché

A. ☐ non sa che cosa sia.
B. ☐ normalmente non ci sono bombardamenti in quella zona.
C. ☐ sa che questo è un falso allarme.
D. ☐ non la sente.

A2 Con quale espressione potresti sostituire le parole "a un tiro di fionda" (righe 2-3)?

A. ☐ A poca distanza.
B. ☐ A qualche chilometro.
C. ☐ A qualche centimetro.
D. ☐ In lontananza.

A3 Da ciò che possiamo dedurre nel testo, l'allarme

A. ☐ suona solo di notte.
B. ☐ suona generalmente di notte, ma può capitare anche di giorno.
C. ☐ può suonare in qualsiasi momento della giornata.
D. ☐ suona generalmente di giorno e solo eccezionalmente di notte.

A4 Dal tono e da quanto si dice nel testo, si capisce che il narratore è

A. ☐ un uomo adulto.
B. ☐ un bambino piccolo.
C. ☐ un anziano.
D. ☐ un ragazzino.

A5 Il pronome "ne" (riga 13) quale termine sostituisce?

____

A6 **Le frasi nominali "Un altro botto, ancora più forte, e scroscio di vetri spaccati e urla di donne e ululati di cani" (righe 21-22) costituiscono una descrizione basata su quale sfera sensoriale?**

A. ☐ Visiva.
B. ☐ Tattile.
C. ☐ Uditiva.
D. ☐ Olfattiva.

A7 **Nella fuga, quando il narratore vede i parenti nel corridoio, li paragona a**

A. ☐ animali in fuga.
B. ☐ fantasmi.
C. ☐ statue.
D. ☐ cadaveri.

A8 **Perché il narratore torna indietro, in camera sua?**

A. ☐ Vuole nascondersi lì.
B. ☐ Vuole prendere qualcosa.
C. ☐ Non vuole seguire i suoi parenti.
D. ☐ È in preda al panico e sbaglia strada.

A9 **In quale persona è raccontato il testo?**

A. ☐ In prima persona, da un narratore-protagonista.
B. ☐ In prima persona, da un narratore interno non protagonista.
C. ☐ In terza persona, da un narratore esterno.
D. ☐ A tratti in prima, a tratti in terza persona.

A10 **Dal brano e dal titolo del romanzo da cui è tratto, puoi dedurre che la vicenda è ambientata durante quale periodo storico?**

____

A11 **Dove si trova il rifugio antiaereo del palazzo in cui abita il narratore?**

____

LETTURA E COMPRENSIONE
Parte B - TESTO DESCRITTIVO

Leggi il testo e poi rispondi alle domande.

educazione CIVICA

La società orizzontale

In cosa è diversa una società orizzontale da una verticale? Nella società orizzontale non ci sono gradini, i forti non hanno un posto speciale, i deboli non sono considerati uno strumento o un impiccio: si presta attenzione a tutti. Ognuno, nel proprio piccolo, fa quello che può, e la somma di questi sforzi fa progredire l'umanità.

Alla base di questo concetto c'è un pensiero molto importante, ovvero che ogni persona ha un valore, una sua dignità, e che tutti gli individui hanno qualcosa in comune. Questo qualcosa riguarda l'umanità intera: non siamo simili solo ai componenti della nostra famiglia, ai tifosi della nostra squadra di calcio, a chi frequenta la nostra stessa chiesa o moschea, a chi ha la pelle bianca, scura o gialla come noi, ma siamo simili anche a chi apparentemente è molto diverso da noi, sia nell'aspetto che nelle idee.

In un mondo del genere, se vediamo qualcuno che soffre, pur non conoscendolo, ci sentiamo a disagio, mentre siamo soddisfatti quando qualcuno sta bene. Questi sentimenti possono essere chiamati "solidarietà": la solidarietà ci rende disponibili ad aiutare gli altri, ma anche a chiedere aiuto, se ne abbiamo bisogno. Il mondo diventa come una grande famiglia o un grande gruppo di amici del cuore, pronti a sostenersi nei momenti più difficili.

Certo, l'affetto e la solidarietà non sono sempre uguali: proviamo sentimenti più forti nei confronti di quelli che ci sono vicini, che conosciamo personalmente, ma restiamo comunque turbati quando succede qualcosa di orribile a migliaia di chilometri da noi. Soffriamo quando vediamo le immagini della terribile guerra tra gli hutu e i tutsi, due popoli africani.

Soffriamo quando pensiamo che in Argentina la dittatura dei generali ha fatto sparire tanti uomini e donne colpevoli solo di aver espresso delle critiche al governo, e che in quel Paese ancora oggi ci sono madri che cercano - a distanza di anni - i loro figli, uccisi e buttati chissà dove.

Soffriamo quando pensiamo ai patimenti terribili degli abitanti di Hiroshima e Nagasaki, le città giapponesi che alla fine della Seconda guerra mondiale, nell'agosto del 1945, furono colpite dalle bombe atomiche sganciate dagli aerei americani.

Ogni tanto leggiamo sui giornali di qualcuno che si getta nel mare in burrasca o entra in una casa in fiamme per salvare persone che stanno annegando o rischiano di morire soffocate. Perché si compie un gesto simile, magari mettendo in pericolo la propria vita? Perché ci si immedesima nell'altro.
Nella società orizzontale, ogni individuo ha valore ed è prezioso. Migliorando la vita di ciascuna di queste persone si ha un miglioramento della vita di tutti; aiutare gli altri diventa anche utile. Aiutando il prossimo, aiutiamo pure noi stessi. In una società di questo tipo non ha senso rinchiudere, tenendoli separati dal resto dell'umanità, coloro che sono considerati "diversi": i matti, gli strambi, quelli che non capiamo. D'altra parte, nei secoli, spesso sono stati proprio questi matti a creare opere meravigliose: il pittore Vincent Van Gogh, che oggi è ritenuto uno tra i più grandi artisti del mondo, per tutta la vita fu emarginato perché si comportava in modo strano.
Nella società orizzontale non ci sono persone che hanno tantissimi diritti e altre che ne hanno pochissimi, non ci sono persone che hanno doveri e altre che non ne hanno. Diritti e doveri toccano a ciascuno dei cittadini, in misura uguale.

(adatt. da Gherardo Colombo, *Le regole raccontate ai bambini*,
Feltrinelli Kids, 2010)

B1 Qual è l'idea fondamentale che sta alla base dei rapporti sociali in una società orizzontale?

A. ☐ Tutti gli individui sono uguali tra loro.
B. ☐ Tutti gli individui hanno la stessa dignità e lo stesso valore.
C. ☐ Alcuni individui sono forti, altri deboli.
D. ☐ Tutti gli individui si trovano al gradino più basso della scala sociale.

B2 Nel testo la solidarietà viene definita come la capacità di soffrire e di essere felici insieme agli altri. Quale altro termine può descrivere questo atteggiamento?

A. ☐ Pietà.
B. ☐ Empatia.
C. ☐ Collaborazione.
D. ☐ Disponibilità.

B3 Il mondo della società orizzontale, in base al tipo di rapporti solidali che favorisce, viene paragonato a due cose: quali?

1. ____________________

2. ____________________

B4 **In base a quale idea l'autore fa questo paragone?**

____

____

B5 **Secondo l'autore, qual è la differenza tra l'affetto e la solidarietà?**

A. ☐ Sono due forme diverse di attaccamento alle persone.
B. ☐ L'affetto è più forte della solidarietà, perché ha a che fare con l'amore.
C. ☐ L'affetto riguarda i più vicini a noi, la solidarietà può riguardare anche persone molto lontane da noi.
D. ☐ La solidarietà è sancita dalla legge, l'affetto no.

B6 **Nel testo, l'autore presenta esempi di conflitti ed eventi negativi che si sono verificati in diversi continenti. Scrivi accanto a ciascun evento il continente nel quale si è verificato, come riportato nel testo.**

A. Repressione della dittatura: ____________________
B. Conflitto etnico: ____________________
C. Conseguenze dell'uso di armi atomiche: ____________________

B7 **Perché, secondo l'autore, la solidarietà in una società non solo è buona, ma anche utile?**

____

____

B8 **Completa il testo che segue utilizzando le parole elencate sotto (fai attenzione: due sono in più).**

dignità • diritti • doveri • umanità • verticale • valori • orizzontale

In una società ____________ le persone hanno gli stessi ____________ perché hanno la stessa ____________ ; nello stesso tempo hanno anche gli stessi ____________, perché tutti devono contribuire alla sforzo collettivo di far progredire l'____________.

LETTURA E COMPRENSIONE

Parte C - TESTO INFORMATIVO

Leggi il testo e poi rispondi alle domande.

educazione CIVICA

Le api, insetti in pericolo

Dopo cento milioni di anni sulla Terra, i tempi non sono mai stati così duri per l'ape domestica.
Nonostante la sua importanza per la sopravvivenza delle piante e degli esseri umani, questa specie è esposta a minacce su ogni fronte, dalla scomparsa del suo habitat all'uso di prodotti chimici, dal cambiamento climatico a una serie di malattie batteriche, di funghi, di parassiti e di predatori indigeni e stranieri, ciascuno dei quali ha la capacità di sterminare un'intera colonia, a volte nel giro di qualche ora.

In tutto il pianeta, l'acaro *Varroa destructor* è considerato dagli scienziati e dagli apicoltori la più grave minaccia per le api. Questo parassita che si nutre di sangue perfora l'esoscheletro dell'ape (la sua "corazza" protettiva), creando una via attraverso la quale altre malattie possono entrare nell'organismo. Questo acaro ha già decimato le popolazioni di api selvatiche, e l'ape europea (*Apis mellifera*), la specie più allevata al mondo, non è ancora attrezzata per combatterlo.

Oggi i bravi apicoltori non sono più semplicemente custodi. Devono essere anche intrepidi difensori delle api, competenti e sempre pronti a tenere gli alveari in vita e in buone condizioni senza ricorrere a interventi chimici.

Come per ogni altra creatura vivente, la salute delle api domestiche inizia da una dieta abbondante e varia, che le possa rendere resistenti agli influssi esterni. Ciò mette in evidenza l'altra crisi, altrettanto profonda, che questi insetti devono affrontare: la perdita delle fonti di approvvigionamento[1].
Oggi in molte regioni l'agricoltura si basa sulle monocolture (enormi aree piantate con una sola coltura). Un uso così intensivo dei terreni, che spesso comporta anche la rimozione di alberi e siepi, rende più difficoltosa la ricerca del cibo da parte delle api, fino ad affamarle. Si tratta di un processo ini-

1. **approvvigionamento:** rifornimento di cibo.

ziato durante la Seconda guerra mondiale, quando la produzione alimentare nazionale diventò indispensabile e ogni appezzamento libero fu convertito in terreno agricolo. Da allora c'è stata un'enorme perdita di cibo per gli insetti impollinatori, con studi che dimostrano come oltre il 97 per cento dei prati di pianura sia scomparso, insieme a boschi, brughiere montane e siepi. La buona pratica agricola contrattacca riducendo l'impiego dei pesticidi, creando habitat dedicati alle api e adottando la rotazione delle colture, ma questo non basta a compensare ciò che è andato perso.

In città c'è un problema leggermente diverso. L'apicoltura è molto in voga e i dati governativi indicano che gli alveari continuano a spuntare come funghi, mentre gli spazi verdi urbani diminuiscono. I terreni incolti[2] vengono destinati alla realizzazione di edifici, i giardini vengono lastricati e decorati, i vialetti vengono asfaltati, e tutto questo riduce la quantità di cibo disponibile per le api. È spaventoso sapere che alcune città della Spagna e dell'Italia meridionale dispongono solo di 2-4 metri quadrati di spazio verde per persona.

(adatt. da Sarah Wyndam Lewis, *Piccola guida per chi ama le api*, Armenia, 2018)

2. **incolti**: non coltivati.

C1 Il testo parte dalla constatazione che

A. ☐ ci troviamo nel periodo di maggiore crisi per la sopravvivenza delle api.
B. ☐ ci sono stati, nella storia, alcuni periodi di crisi per la sopravvivenza delle api.
C. ☐ le api domestiche sono destinate all'estinzione.
D. ☐ le api domestiche sono meno resistenti di quelle selvatiche.

C2 Quale espressione può sostituire il verbo "decimare" nella frase "Questo acaro ha già decimato le popolazioni di api selvatiche" (riga 13)?

A. ☐ Minacciare gravemente.
B. ☐ Ridurre drasticamente.
C. ☐ Eliminare completamente.
D. ☐ Colpire.

C3 Gli apicoltori di oggi devono prepararsi a difendere la sopravvivenza delle api

A. ☐ impiegando qualsiasi mezzo a loro disposizione.
B. ☐ pur sapendo che c'è poco da fare.
C. ☐ limitandosi a custodire attentamente gli alveari.
D. ☐ utilizzando metodi naturali.

C4 Quali sono le due principali minacce per la sopravvivenza dell'ape domestica, citate nel brano?

1. ______________________________
2. ______________________________

C5 Riporta qui sotto la corretta definizione del termine "monocolture", presente nel brano.

____

C6 Secondo il testo, le fonti di approvvigionamento per le api sono ridotte sia in città sia in campagna, ma per motivi diversi. Individuali e completa le frasi seguenti.

A. In campagna, le api trovano meno cibo a causa ______________________________
____

B. In città, invece, il cibo scarseggia per ______________________________
____

C7 Indica quali affermazioni relative al testo sono vere e quali false. Metti una crocetta per ogni riga.

	vero	falso
a. L'acaro *Varroa destructor* è una minaccia principalmente per le api selvatiche.		
b. L'acaro *Varroa destructor* penetra nella corazza delle api per nutrirsi del loro sangue.		
c. Il mestiere di apicoltore oggi è più difficile di com'era un tempo.		
d. Le monocolture rendono più difficoltosa la sopravvivenza delle api.		
e. All'inizio del Novecento si sfruttavano già i terreni in modo intensivo.		
f. Nelle città, la presenza di alveari diminuisce di pari passo con la riduzione degli spazi verdi.		

LETTURA E COMPRENSIONE

Parte D - TESTO REGOLATIVO

Leggi il testo e poi rispondi alle domande.

educazione CIVICA

La circolazione dei velocipedi

1. I ciclisti devono procedere su unica fila in tutti i casi in cui le condizioni della circolazione lo richiedano e, comunque, mai affiancati in numero superiore a due; quando circolano fuori dai centri abitati devono sempre procedere su unica fila, salvo che uno di essi sia minore di anni dieci e proceda sulla destra dell'altro.

1-bis. Le disposizioni del comma 1 non si applicano alla circolazione dei velocipedi sulle strade urbane ciclabili.

2. I ciclisti devono avere libero l'uso delle braccia e delle mani e reggere il manubrio almeno con una mano; essi devono essere in grado in ogni momento di vedere liberamente davanti a sé, ai due lati e compiere con la massima libertà, prontezza e facilità le manovre necessarie.

3. Ai ciclisti è vietato trainare veicoli, salvo nei casi consentiti dalle presenti norme, condurre animali e farsi trainare da altro veicolo.

4. I ciclisti devono condurre il veicolo a mano quando, per le condizioni della circolazione, siano di intralcio o di pericolo per i pedoni. In tal caso sono assimilati ai pedoni e devono usare la comune diligenza e la comune prudenza.

5. È vietato trasportare altre persone sul velocipede a meno che lo stesso non sia appositamente costruito e attrezzato. È consentito tuttavia al conducente maggiorenne il trasporto di un bambino fino a otto anni di età, opportunamente assicurato con le attrezzature, di cui all'articolo 68, comma 5.

(...)

7. Sui veicoli di cui al comma 6 non si possono trasportare più di quattro persone adulte compresi i conducenti; è consentito anche il trasporto contemporaneo di due bambini fino a dieci anni di età.

(...)

9-bis. Il conducente di velocipede che circola fuori dai centri abitati da mezz'ora dopo il tramonto del sole a mezz'ora prima del suo sorgere e il conducente di velocipede che circola nelle gallerie hanno l'obbligo di indossare il giubbotto o le bretelle retroriflettenti ad alta visibilità.

(...)

(da *www.aci.it*)

D1 **Indica in quali delle situazioni riportate nella tabella è ammesso circolare in bicicletta su più di un'unica fila. Metti una crocetta per ogni riga.**

	sì	no
a. Fuori dai centri abitati.		
b. Fuori dai centri abitati, se uno dei due ciclisti è un bambino.		
c. Nei centri abitati, dove è possibile.		
d. Nei centri abitati sulle piste ciclabili.		
e. Nei centri abitati su strade larghe, anche su tre file.		

D2 **Cos'è assolutamente vietato fare in bici?**

- **A.** ☐ Circolare tenendo entrambe le mani incrociate sul petto.
- **B.** ☐ Circolare con una mano appoggiata alla gamba e l'altra sul manubrio.
- **C.** ☐ Circolare indossando occhiali da sole molto scuri.
- **D.** ☐ Circolare con entrambe le mani appoggiate sul manubrio.

D3 **In quali situazioni i ciclisti devono portare la bicicletta a mano?**

____

D4 **Con una normale bicicletta, è permesso**

- **A.** ☐ trasportare un bambino di cinque anni seduto sulla canna.
- **B.** ☐ trasportare un bambino di sei anni assicurato su un seggiolino.
- **C.** ☐ portare al guinzaglio un cane.
- **D.** ☐ farsi rimorchiare da uno scooter che viaggia a bassa velocità.

D5 **È obbligatorio indossare il giubbotto o le bretelle riflettenti**

- **A.** ☐ quando è completamente buio e nelle gallerie.
- **B.** ☐ sempre.
- **C.** ☐ d'inverno, anche al pomeriggio e di mattina presto.
- **D.** ☐ poco prima dell'alba e poco dopo il tramonto, e nelle gallerie.

D6 **Nel testo si usa spesso una parola che è sinonimo di "bicicletta", quale? Riportala qui sotto.**

____

Parte E - LESSICO

E1 **Indica la congiunzione che connette in modo corretto le due proposizioni del periodo "Ti imploro ... tu mi dica cosa è successo veramente quel giorno".**

A. ☐ Benché. B. ☐ Affinché. C. ☐ Purché. D. ☐ Poiché.

E2 **Nella tabella, scrivi nella colonna di destra il nome primitivo da cui proviene quello derivato presente nella colonna di sinistra.**

derivato	primitivo
a. impollinazione	
b. ipotizzare	
c. ragionamento	
d. scanalatura	
e. impastatrice	

E3 **Quale dei seguenti termini non è un sinonimo dell'aggettivo "socievole"?**

A. ☐ Affidabile. B. ☐ Affabile. C. ☐ Amichevole. D. ☐ Cordiale.

E4 **Nella frase che segue la parola in grassetto non è quella corretta, anche se le assomiglia. Scrivi la parola che ha un suono simile a quella errata ed è appropriata rispetto al contesto della frase.**

La tradizione **letterale** ______________ italiana inizia con la diffusione delle lingue volgari.

E5 **Per ogni frase indica se appartiene a un registro linguistico formale, medio o colloquiale. Metti una crocetta per ogni riga.**

	registro formale	registro medio	registro colloquiale
a. Ehi, tu, sposta quel catorcio dalla strada!			
b. Si rammenta ai docenti di prendere visione della circolare 45.			
c. Paolo, ti fermeresti a fare la spesa tornando a casa?			
d. Non sapevamo più a chi chiedere aiuto.			
e. Cosa fai lì spiaggiato sul divano?			
f. Le ho chiesto ragione delle sue asserzioni.			

Parte F – RIFLESSIONE SULLA LINGUA

F1 **Riporta nello spazio sottostante tutti gli aggettivi presenti nel seguente periodo:**

Arrivati alla piccola casa, ciascuno di loro si mise subito a proprio agio mentre alcuni membri del gruppo esploravano quel luogo accogliente.

____

F2 **Completa il periodo seguente in modo corretto, coniugando il verbo tra parentesi al modo e al tempo opportuni.**

Non avrei avuto nulla da ridire se loro ______________________ (fermarsi) per qualche minuto a riposare.

F3 **Indica se il verbo in corsivo in ciascuna frase è al modo finito o indefinito. Metti una crocetta per ogni riga.**

	modo finito	modo indefinito
a. *Correte*, presto, o arriveremo tardi!		
b. Non *fare* agli altri ciò che non vorresti fosse fatto a te.		
c. Cosa vuoi ottenere *gridando* a quel modo?		
d. Qualora *doveste* far tardi, per favore avvisateci.		

F4 **In quale delle seguenti frasi è presente un complemento di mezzo?**

A. ☐ Con l'insistenza non otterrai ciò che vuoi.
B. ☐ Non sopporto di dover fare le cose in fretta e furia.
C. ☐ Ho indossato immediatamente gli occhiali da sole.
D. ☐ Mi piacciono da matti gli spaghetti alla carbonara.

F5 **Nella frase "A me pare ovvia la soddisfazione di Michele per l'esito della verifica", qual è il soggetto?**

A. ☐ Io (sottinteso).
B. ☐ Michele.
C. ☐ La soddisfazione.
D. ☐ L'esito.

F6 **Indica se la subordinata sottolineata in ciascun periodo è causale oppure finale.**

	causale	finale
a. Avendo qualche ora libera, mi sono dedicata ai miei hobby.		
b. Per andare a casa di Mia devi prendere la strada provinciale.		
c. Non ho capito nulla perché continuavano a fare confusione.		
d. Farò di tutto perché se ne vadano.		

F7 **Nel periodo "Detto questo, se ne andò per la sua strada voltandole le spalle", la proposizione sottolineata è**

A. ☐ implicita causale.
B. ☐ esplicita condizionale.
C. ☐ esplicita modale.
D. ☐ implicita temporale.

Il mio risultato Calcola 1 punto per ogni risposta esatta.

PARTE A	PARTE B	PARTE C	PARTE D	PARTE E	PARTE F	TOTALE
____/11	____/8	____/7	____/6	____/5	____/7	____/44

Ho trovato la prova...

☐ difficile
☐ più semplice di quanto pensassi
☐ adeguata alle mie aspettative e capacità
☐ altro ____________

LETTURA E COMPRENSIONE

Parte A - TESTO NARRATIVO

Leggi il testo e poi rispondi alle domande.

Il visconte dimezzato

Mio zio Medardo si gettò nella mischia. Le sorti della battaglia erano incerte. In quella confusione, pareva che a vincere fossero i cristiani. Di certo, avevano rotto lo schieramento turco e aggirato certe posizioni. Mio zio, con altri valorosi, s'era spinto fin sotto le batterie nemiche e i turchi le spostavano, per tenere i cristiani sotto il fuoco. Due artiglieri turchi facevano girare un cannone a ruote. Lenti com'erano, barbuti, intabarrati fino ai piedi, sembravano due astronomi. Mio zio disse: «Adesso arrivo lì e li aggiusto io». Entusiasta e inesperto, non sapeva che ai cannoni ci s'avvicina solo di fianco o dalla parte della culatta. Lui saltò di fronte alla bocca da fuoco, a spada sguainata, e pensava di fare paura a quei due astronomi. Invece gli spararono una cannonata in pieno petto. Medardo di Terralba saltò in aria.

Alla sera, scesa la tregua, due carri andavano raccogliendo i corpi dei cristiani per il campo di battaglia. Uno era per i feriti e l'altro per i morti. La prima scelta si faceva lì sul campo. «Questo lo prendo io, quello lo prendi tu.» Dove sembrava ci fosse ancora qualcosa da salvare, lo mettevano sul carro dei feriti; dove erano solo pezzi e brani[1] andava sul carro dei morti, per aver sepoltura benedetta; quello che non era più neanche un cadavere era lasciato in pasto alle cicogne. In quei giorni, viste le perdite crescenti, s'era data la disposizione che nei feriti era meglio abbondare. Così i resti di Medardo furono considerati un ferito e messi su quel carro.

La seconda scelta si faceva all'ospedale. Dopo le battaglie l'ospedale da campo offriva una vista ancor più atroce delle battaglie stesse. In terra c'era la lunga fila delle barelle con dentro quegli sventurati, e tutt'intorno imperversavano i dottori, strappandosi di mano pinze, seghe, aghi, arti amputati e gomitoli di spago. Morto per morto, a ogni cadavere facevan di tutto per farlo tornar vivo. Sega qui, cuci là, tampona falle, rovesciavano le vene come guanti e le rimettevano al

1. **brani**: brandelli.

loro posto, con dentro più spago che sangue, ma rattoppate e chiuse. Quando un paziente moriva, tutto quello che aveva di buono serviva a racconciare le membra di un altro, e così via. La cosa che imbrogliava[2] di più erano gli intestini: una volta srotolati non si sapeva più come rimetterli.

Tirato via il lenzuolo, il corpo del visconte apparve orrendamente mutilato. Gli mancava un braccio e una gamba, non solo, ma tutto quel che c'era di torace e d'addome tra quel braccio e quella gamba era stato portato via, polverizzato da quella cannonata presa in pieno. Del capo restavano un occhio, un orecchio, una guancia, mezzo naso, mezza bocca, mezzo mento e mezza fronte: dell'altra metà del capo c'era più solo una pappetta. A farla breve, se n'era salvato solo metà, la parte destra, che peraltro era perfettamente conservata, senza neanche una scalfittura, escluso quell'enorme squarcio che l'aveva separata dalla parte sinistra andata in briciole.

I medici: tutti contenti. «Uh, che bel caso!» Se non moriva nel frattempo, potevano provare anche a salvarlo. E gli si misero d'attorno, mentre i poveri soldati con una freccia in un braccio morivano di setticemia. Cucirono, applicarono, impastarono: chi lo sa cosa fecero. Fatto sta che l'indomani mio zio aperse l'unico occhio, la mezza bocca, dilatò la narice e respirò. La forte fibra dei Terralba aveva resistito. Adesso era vivo e dimezzato.

(da Italo Calvino, *Il visconte dimezzato*, Mondadori, 1993)

2. **imbrogliava**: dava seccature.

A1 **Il testo può essere suddiviso in cinque sequenze, corrispondenti ai suoi capoversi. Leggi i titoli elencati sotto e mettili in ordine in base al testo.**

A. ☐ La selezione dei feriti.
B. ☐ L'operazione del visconte.
C. ☐ All'ospedale.
D. ☐ La battaglia.
E. ☐ Le condizioni del visconte.

A2 **Nel brano si parla di una battaglia. Quali eserciti si fronteggiano?**

____

A3 **Chi è il narratore?**

A. ☐ Il visconte.
B. ☐ Il figlio del visconte.
C. ☐ Un soldato dell'esercito del visconte.
D. ☐ Il nipote del visconte.

A4 **Il narratore fa una similitudine per descrivere i cannonieri turchi. A chi li paragona?**

____

A5 **Dal brano si capisce che il visconte è**

A. ☐ un soldato esperto.
B. ☐ un addetto all'artiglieria pesante.
C. ☐ uno che è costretto a combattere senza volerlo.
D. ☐ un volontario alle prime armi.

A6 **Nel brano, quando si descrive la selezione dei feriti, si parla di due "scelte". Dove si svolge ciascuna di esse?**

1. La prima selezione avviene ______________________________
2. La seconda selezione avviene ______________________________

A7 **Nel paragrafo che va dalla riga 31 alla riga 39, quale verbo indica che il corpo di Medardo è stato ridotto in briciole? Riportalo qui sotto all'infinito presente.**

____

A8 **Secondo il narratore, l'aspetto peggiore della guerra non si vede sul campo, ma nell'ospedale. Riporta la frase che te lo fa capire.**

A9 **Il comportamento dei dottori viene descritto con ironia: curano i feriti, ma fanno cose assurde. Riporta almeno due frasi prese dal testo che te lo fanno capire.**

A10 **Quale verbo è un sinonimo del termine "racconciare" (riga 28)?**

A. ☐ Sistemare.
B. ☐ Cucire.
C. ☐ Migliorare.
D. ☐ Riordinare.

A11 **Perché i dottori, alla fine del testo, lasciano morire i soldati anche se hanno ferite lievi?**

A. ☐ Il visconte è un caso medico più interessante.
B. ☐ Non ci sono abbastanza medici a disposizione.
C. ☐ Il visconte, siccome è nobile, ha la precedenza sugli altri.
D. ☐ I medici sono incompetenti.

LETTURA E COMPRENSIONE
Parte B - TESTO INFORMATIVO

Leggi il testo e poi rispondi alle domande.

I viaggi della noce moscata

Mentre si facevano strada attraverso il mondo conosciuto, noci moscate, macis[1] e altre spezie diedero vita a reti commerciali che attraverso l'Oceano Indiano raggiungevano l'Africa e l'Eurasia e si inoltravano in questi continenti. Le tratte e gli snodi di quelle reti, così come le persone che vi lavoravano, variarono molto nel corso del tempo, man mano che i regni prosperavano e crollavano, ma i viaggi della noce moscata continuarono senza sosta per oltre un millennio, e progressivamente aumentarono la loro quantità e il loro valore.

Oltre che per l'utilizzo in cucina, la noce moscata, i chiodi di garofano, il pepe e altre spezie erano apprezzati anche per le loro proprietà medicinali. Nel Cinquecento, il valore della noce moscata andò alle stelle quando nell'Inghilterra elisabettiana[2] i medici decisero che poteva essere utilizzata per curare la peste, che stava devastando l'Eurasia. Nel tardo Medioevo la noce moscata acquisì in Europa un valore tale che ne bastava una manciata per comprare una casa o un vascello. Il costo delle spezie, all'epoca, era così astronomico che il loro valore non poteva essere attribuito solo alla loro utilità. Erano infatti apprezzate in quanto simboli invidiabili di lusso e ricchezza: una perfetta esemplificazione dell'idea di Adam Smith[3] secondo cui la ricchezza è una cosa che "si desidera non per le soddisfazioni materiali che procura, ma perché è desiderata da altri".

Prima del Cinquecento le noci moscate raggiungevano l'Europa cambiando più volte di mano. Le ultime tappe del viaggio le portavano attraverso l'Egitto, o il Levante, a Venezia, che, nei secoli precedenti le traversate di Cristoforo Colombo e Vasco da Gama, aveva il controllo assoluto del commercio europeo delle spezie. Colombo veniva dall'arcirivale di Venezia, Genova, che per molto tempo aveva pesantemente risentito del monopolio della Serenissima sui traffici con l'Oriente.

Fu proprio per abbattere il controllo veneziano sul commercio che i primi

---

1. **macis**: spezia che si ricava dall'involucro della noce moscata.
2. **elisabettiana**: dell'epoca della regina Elisabetta I, che regnò tra il 1558 e il 1603.
3. **Adam Smith**: economista e filosofo scozzese del Settecento.

navigatori europei intrapresero i viaggi che li condussero nelle Americhe e nell'Oceano Indiano. Fra i loro obiettivi, uno dei principali era trovare le isole dove cresceva l'albero della noce moscata. La posta in gioco era altissima, per i navigatori e per i sovrani che li finanziavano: la corsa alle spezie, è stato detto, fu in quell'epoca l'equivalente della corsa allo spazio.

(adatt. da Amitav Ghosh, *La maledizione della noce moscata*, Neri Pozza, 2022)

B1 Il "viaggio" della noce moscata e di altre spezie procedeva principalmente

A. ☐ da nord a sud.
B. ☐ da est a ovest.
C. ☐ da sud a nord.
D. ☐ da ovest a est.

B2 Quali delle seguenti affermazioni sono vere, in quanto vengono citate o si possono dedurre dal testo? Metti una crocetta per ogni riga.

	vero	falso
a. Il valore delle spezie, con il passare del tempo, è rimasto costante.		
b. Il costo delle spezie dipendeva esclusivamente dal fatto che avevano molti utilizzi.		
c. Le spezie erano simbolo di potere e prosperità.		
d. La città di Venezia, nel Quattrocento, soffriva la concorrenza di Genova.		
e. I navigatori partivano a proprie spese per cercare l'albero della noce moscata.		
f. Viaggi come quello di Colombo furono fatti con l'intento di indebolire il predominio veneziano sui commerci.		

B3 Il testo afferma che le spezie, in passato, erano utilizzate con due diverse finalità. Quali?

1. ______________________________
2. ______________________________

B4 **I medici inglesi si convinsero che la noce moscata era utile per curare una malattia in particolare. Quale?**

____

B5 **Per l'economista Adam Smith, essere ricchi significa soprattutto**

A. ☐ possedere molte cose.
B. ☐ possedere molti soldi.
C. ☐ possedere ciò che si desidera.
D. ☐ possedere ciò che gli altri vorrebbero.

B6 **Prima del Cinquecento, la città di Venezia non aveva rivali nel traffico delle spezie. Riporta la frase che te lo fa capire.**

____

____

B7 **Nel testo si utilizza un soprannome della città di Venezia. Quale?**

____

B8 **Nella parte finale del testo l'autore esprime, con un efficace gioco di parole, un paragone per sottolineare l'importanza del traffico delle spezie. Riportalo nello spazio qui sotto.**

____

____

LETTURA E COMPRENSIONE

Parte C - TESTO INFORMATIVO

Leggi il testo e poi rispondi alle domande.

Lo slow food

Mangiare in modo diverso, rispettando ritmi più lenti, seduti a tavola e magari scambiando alcune parole con gli altri commensali è sicuramente un momento di vita piacevole. È proprio in difesa di questi valori che nasce in Piemonte nel 1986 un'associazione, che ora si chiama *Slow Food Arcigola*, con l'obiettivo di cancellare le abitudini che tendono ad appiattire e ad annullare il piacere della tavola e del pasto. Dopo alcuni anni, precisamente nel 1989, il movimento si internazionalizza dando vita al *Movimento Internazionale Slow Food*.

Il programma dell'associazione è ricco di appuntamenti e di eventi gastronomici. Questo dà la possibilità non solo di mangiare bene ma anche di conoscersi, di favorire un turismo attento e rispettoso delle tradizioni e dell'ambiente, e di promuovere iniziative di solidarietà nel campo alimentare.

Esiste un programma, *Arca del Gusto*, che vuole rilanciare la piccola produzione di prodotti di qualità, dai salumi ai formaggi, da carni particolari a vegetali non più coltivati che rischiano oggi di sparire a causa delle difficoltà di produzione, di distribuzione, di leggi talvolta esagerate e della tendenza a omologare il gusto alimentare. *Slow Food Arcigola* sostiene la qualità, e difende il patrimonio gastronomico e vinicolo attraverso progetti di informazione e di degustazione.

Il motto di *Slow Food* è "buono, pulito e giusto". Tre aggettivi che definiscono in modo elementare le caratteristiche che deve avere il cibo. Buono, relativamente al piacere che deriva dalle qualità organolettiche[1] di un alimento, ma anche al valore affettivo del cibo, ossia alla complessa sfera di sentimenti, ricordi e implicazioni identitarie a esso legati; pulito, ovvero prodotto nel rispetto degli ecosistemi e dell'ambiente; giusto, che vuol dire conforme ai concetti di giustizia sociale negli ambienti di produzione e di commercializzazione.

L'approccio slow food ci permette di recuperare i prodotti locali, di rispettare la biodiversità del nostro territorio valorizzandone il paesaggio e di avere un'alimentazione sana che rispecchi le nostre richieste fisiologiche[2]. Alla base c'è il concetto di salute come patrimonio individuale e collettivo.

(rid. e adatt. da *www.insalutenews.it*)

---

1. **organolettiche:** che possono essere percepite con gli organi di senso (odore, sapore, colore...).
2. **fisiologiche:** che riguardano le funzioni naturali dell'organismo.

C1 **"Slow Food" significa letteralmente "cibo lento". Riporta nello spazio sottostante le parole che nel testo spiegano questa espressione.**

____

____

C2 **Il programma del *Movimento Internazionale Slow Food* permette a chi lo segue di cogliere una serie di opportunità. Elencale, riportandole dal testo.**

1. ______________________________
2. ______________________________
3. ______________________________
4. ______________________________

C3 **Il programma *Arca del Gusto* ha lo scopo di**

A. ☐ salvaguardare prodotti e abitudini che rischiano di scomparire.
B. ☐ proteggere la biodiversità e l'agricoltura biologica.
C. ☐ diffondere abitudini alimentari vegetariane.
D. ☐ sensibilizzare i turisti alle tradizioni culinarie italiane.

C4 **La "tendenza a omologare il gusto alimentare" (righe 15-16), di cui si parla nel testo, significa che oggi si tende a**

A. ☐ mangiare tutti le stesse cose.
B. ☐ consumare cibo spazzatura.
C. ☐ sprecare il cibo e inquinare.
D. ☐ essere molto schizzinosi.

C5 **Secondo *Slow Food* il cibo deve avere tre caratteristiche, espresse da tre semplici aggettivi. Quali?**

____

C6 **In quale delle seguenti frasi il termine "patrimonio" (riga 28) ha lo stesso significato che possiede nel testo?**

A. ☐ Ha speso un patrimonio per comprarsi quella casa.
B. ☐ Il patrimonio forestale dell'Italia è a rischio.
C. ☐ Il patrimonio netto dell'azienda è superiore alle previsioni.
D. ☐ Ha ereditato un patrimonio immobiliare davvero importante.

LETTURA E COMPRENSIONE

Parte D - TESTO NON CONTINUO

Leggi il testo e poi rispondi alle domande.

Energia eolica: vantaggi e svantaggi

PRO

- **L'energia eolica è una fonte rinnovabile:** il vento è inesauribile e illimitato nel tempo, oltre a essere disponibile in larga parte sulla nostra Terra. Garantisce dunque autosufficienza energetica.
- **Non fa male all'ambiente:** affidandosi all'energia eolica, si tagliano le emissioni di gas serra, anidride carbonica e altre sostanze tossiche per il pianeta.
- **Il costo di generazione di energia è basso:** il vento è una fonte gratuita e l'investimento iniziale della costruzione di un parco eolico viene ben presto ammortizzato.
- **Le pale eoliche o aerogeneratori occupano poco spazio ambientale,** sviluppandosi in altezza, e non hanno bisogno di grande manutenzione durante la loro vita media (20-25 anni). Terminato il loro ciclo produttivo, vengono smantellate e i materiali di cui sono composte possono essere riciclati.
- **L'energia eolica apre la strada a nuovi impieghi professionali:** sono sempre più richieste le figure qualificate in questo settore (green jobs).
- **È combinabile con l'energia solare:** nella varietà delle condizioni meteo, una fonte sopperisce all'altra. Per esempio al calar del sole l'energia fotovoltaica viene meno, ma il calo delle temperature crea delle condizioni favorevoli al vento.

CONTRO

- **L'incostanza del vento:** è vero che il vento è una risorsa inesauribile, ma non è assicurato che soffi sempre in un certo momento e in un certo luogo. Questo svantaggio può essere contenuto grazie alle analisi ambientali, che evidenziano dove le correnti ventose sono più forti e costanti, di modo da costruire i parchi eolici nelle zone maggiormente esposte al vento. Questa debolezza è rilevante nel contesto italiano.
- **Il costo iniziale:** il vento è gratis, ma gli studi su dove installare un parco eolico e la costruzione di aerogeneratori no. In particolare, i parchi eolici off-shore (sul mare) sono i più pesanti a livello economico per le difficoltà legate al sito in cui si trovano.
- **L'inquinamento visivo:** le grandi torri degli aerogeneratori sono visibili da molto lontano e c'è chi sostiene che rovinino il paesaggio in termini estetici.
- **L'inquinamento acustico:** se l'occhio vuole la sua parte, l'orecchio pure, e il forte rumore prodotto dalle turbine è uno dei "contro" dell'energia eolica. Ma bisogna considerare il fatto che solitamente i parchi di aerogeneratori non vengono costruiti vicino a zone abitate.
- **Il rivestimento delle pale e alcuni materiali degli aerogeneratori sono rari** e va tenuto in considerazione il loro impatto ambientale.

(adatt. da *www.altroconsumo.it*)

D1 Indica se le seguenti affermazioni sono corrette o no, in relazione al testo. Metti una crocetta per ogni riga.

	corretta	non corretta
a. L'impiego dell'energia eolica non comporta costi.		
b. Un impianto eolico richiede molto spazio.		
c. Le pale eoliche possono rappresentare un danno per il paesaggio.		
d. Costruire e mantenere un parco eolico sulla terraferma è meno costoso che in mare.		
e. Gli aerogeneratori in generale non sono molto rumorosi.		

D2 Con quale verbo si può sostituire il termine "ammortizzare" (righe 13-14)?

- **A.** ☐ Guadagnare.
- **B.** ☐ Proteggere.
- **C.** ☐ Rimbalzare.
- **D.** ☐ Compensare.

D3 Il termine "aerogeneratore", utilizzato nel testo, è sinonimo di

- **A.** ☐ centrale a energia eolica.
- **B.** ☐ pala eolica.
- **C.** ☐ energia eolica.
- **D.** ☐ parco eolico.

D4 È bene combinare l'energia fotovoltaica con quella eolica perché

- **A.** ☐ il sole e il vento sono due risorse facilmente utilizzabili.
- **B.** ☐ il sole e il vento sono due risorse complementari.
- **C.** ☐ possono essere trasformate in energia elettrica dalla stessa centrale.
- **D.** ☐ in determinate condizioni sono entrambe presenti in modo costante.

D5 Quale di questi problemi è tipico di una risorsa energetica come il vento?

- **A.** ☐ Non è gratuita.
- **B.** ☐ Non è rinnovabile.
- **C.** ☐ Non è costante.
- **D.** ☐ Non è facilmente utilizzabile.

D6 I "green jobs" (riga 27) sono delle professioni

- **A.** ☐ a basso impatto ambientale.
- **B.** ☐ legate alle energie rinnovabili.
- **C.** ☐ che si svolgono a contatto con l'ambiente naturale.
- **D.** ☐ che non richiedono particolari qualifiche.

Parte E - LESSICO

E1 In quale delle seguenti parole il suffisso "-uccio" ha un significato dispregiativo?

A. ☐ Mezzuccio.
B. ☐ Astuccio.
C. ☐ Cavalluccio.
D. ☐ Calduccio.

E2 L'aggettivo "ippico" fa riferimento a

A. ☐ cavalli.
B. ☐ alberi.
C. ☐ uccelli.
D. ☐ costruzioni.

E3 Scrivi la parola che corrisponde alla definizione.

Ricopiare fedelmente un testo scritto:

T____________________ (verbo, inizia per T)

E4 Quale parola cercheresti sul dizionario se non conoscessi il significato del termine sottolineato nella frase seguente? Scrivila nello spazio sottostante.

Passeggiando nel giardino guardava le foglie mosse dal vento.

____

E5 Nella tabella indica se la parola o l'espressione sottolineata in ciascuna frase appartiene al registro specialistico o neutro. Metti una crocetta per ogni riga.

	registro specialistico	registro neutro
a. Gli arti inferiori sono coperti da una fitta pelliccia.		
b. Mi sono fatto male a una gamba.		
c. Puoi darmi un passaggio in macchina stasera?		
d. La circolazione dei mezzi a motore è vietata in questi orari.		

E6 In quale delle seguenti frasi la parola "braccio" è usata nel suo significato letterale?

A. ☐ Il braccio di mare che separa Francia e Inghilterra è il Canale della Manica.
B. ☐ Non ho preparato un discorso: parlerò così, a braccio.
C. ☐ Mattia si è fatto male e ha un'ingessatura al braccio.
D. ☐ Il capo della banda si presentò insieme al suo braccio destro, Mike.

Parte F - RIFLESSIONE SULLA LINGUA

F1 **Il segno di interpunzione dei due punti (:) può avere diverse funzioni:**

1. **Introdurre una spiegazione.**
2. **Introdurre un discorso diretto.**
3. **Introdurre un elenco.**

Per ciascuna frase riportata nella tabella indica quale delle tre funzioni assumono i due punti. Metti una crocetta per ogni riga.

	funzione 1	funzione 2	funzione 3
a. Adesso che state per cominciare una nuova vita, vi auguro questo: siate affamati, siate folli.			
b. Il risultato del sondaggio parla chiaro: è necessario abbassare i costi del servizio.			
c. Non so bene cosa fare: partire subito, aspettare luglio, oppure restarmene a casa tutta l'estate.			

F2 **Ognuna delle frasi seguenti contiene un errore nell'uso delle preposizioni. Sottolinealo e correggilo scrivendo la preposizione corretta nello spazio accanto a ciascuna frase.**

A. L'acqua è composta <u>in</u> ossigeno e idrogeno. ________

B. Spesso gli anziani indugiano <u>ai</u> ricordi del passato. ________

C. Mi hanno convinto <u>nel</u> partire prestissimo. ________

D. Insiste <u>con</u> negare l'accusa. ________

F3 **Indica se le parole nella tabella sono tronche, piane, sdrucciole o bisdrucciole. Metti una crocetta per ogni riga.**

	tronca	piana	sdrucciola	bisdrucciola
a. pentola				
b. correva				
c. tagliacarte				
d. metà				
e. dondolano				

F4 **In quale delle seguenti frasi è presente un "si" passivante?**

A. ☐ Si mise il cappello in testa e uscì.
B. ☐ Questi libri si vendono a poco prezzo.
C. ☐ Si guardarono l'un l'altro per qualche istante.
D. ☐ Allora, si va a Milano domani?

F5 **Individua i due soggetti presenti nel seguente periodo e trascrivili nello spazio sottostante.**

Cercai a lungo il luogo in cui avrebbe potuto nascondersi il ladro.

1. ______________________________
2. ______________________________

F6 **Quale delle seguenti frasi principali dovresti utilizzare per formare un periodo che sia composto da una principale + la subordinata soggettiva "che arrivi troppo tardi"?**

A. ☐ Ho il timore.
B. ☐ Credo.
C. ☐ È meglio.
D. ☐ Mi ha chiesto.

Il mio risultato Calcola 1 punto per ogni risposta esatta.

PARTE A	PARTE B	PARTE C	PARTE D	PARTE E	PARTE F	TOTALE
____/11	____/8	____/6	____/6	____/6	____/6	____/43

Ho trovato la prova...

☐ difficile
☐ più semplice di quanto pensassi
☐ adeguata alle mie aspettative e capacità
☐ altro ____________

MAPPE DI GRAMMATICA PER IL RIPASSO

L'ARTICOLO

è la parte variabile del discorso che si mette davanti al nome

DETERMINATIVO
sing: IL • LO • LA
plur: I • GLI • LE

indica

- una persona, un animale, un oggetto **noto** a chi parla e a chi ascolta (la volpe: è la volpe di cui ho già parlato)
- un **elemento preciso** all'interno di un insieme (l'albero: proprio quell'albero, non un altro, nel bosco)

INDETERMINATIVO
UN • UNO • UNA

indica

- una persona, un animale, un oggetto che **non è noto** a chi parla e a chi ascolta (una volpe: è la prima volta che nomino la volpe)
- un **elemento qualsiasi** all'interno di un insieme (un albero: un albero qualsiasi in un bosco)

PARTITIVO
sing: DEL • DELLO • DELLA
plur: DEI • DEGLI • DELLE

indica

- la **parte di un tutto**, "un po' di, una certa quantità di" (del pane = un po' di pane)
- la **forma plurale** dell'articolo indeterminativo (sing: un albero ➡ plur: degli alberi)

IL NOME

è la parte variabile del discorso con cui si indicano persone, animali, cose, idee, sentimenti

si distingue in base a

SIGNIFICATO può essere

- nome **comune** (cane) o nome **proprio** (Fido)
- **concreto** (pane) o **astratto** (fame)
- **individuale** (bambino) o **collettivo** (classe)

GENERE può essere

maschile (maestro) o **femminile** (maestra)

NUMERO può essere

singolare (occhio) o **plurale** (occhi)

STRUTTURA può essere

- **primitivo** (pesce)
- **derivato** (pescatore, pescivendolo)
- **alterato** (pesciolino, pescione)
- **composto** (pescespada)

L'AGGETTIVO

è una parte variabile del discorso che accompagna il nome

QUALIFICATIVO
indica una **qualità** del nome

può essere → di GRADO

positivo (Alex è alto)

comparativo
- di maggioranza (Alex è più alto di Mirko)
- di minoranza (Alex è meno alto di Mirko)
- di uguaglianza (Alex è alto come Mirko)

superlativo
- assoluto (Alex è altissimo)
- relativo (Alex è il più alto della classe)

può essere

- primitivo (alto)
- derivato (solare, da sole)
- alterato (magrolino)
- composto (tragicomico)

DETERMINATIVO
aggiunge alcune **informazioni** sul nome

può essere

- **possessivo** (mio, tuo, suo, nostro...)
- **dimostrativo** (questo, quello, codesto...)
- **indefinito** (qualche, alcuno, molti, nessuno...)
- **numerale** (uno, due, terzo, decimo, doppio, triplo...)
- **interrogativo** (quale...?, che...?, quanto...?)
- **esclamativo** (quale...!, che...!, quanto...!)

IL PRONOME

è una parte variabile del discorso che sostituisce il nome o un'altra parte del discorso

- **PERSONALE** — usato come
  - **soggetto** (io, tu, lui/lei, egli/ella, esso/essa, noi, voi, loro, essi/esse)
  - **complemento** (*forma forte*: me, te, lui/lei, sé, noi, voi, loro, essi/esse; *forma debole*: mi, me, ti, te, lo/la, gli/le, si, se, ci, ce, vi, ve, li/le, ne)
- **POSSESSIVO** (mio, tuo, suo, nostro, vostro, loro, proprio, altrui...)
- **DIMOSTRATIVO** (questo, quello, codesto, medesimo, ciò...)
- **INDEFINITO** (alcuni, qualcuno, ciascuno, nessuno, tutto, niente, altro...)
- **NUMERALE** (uno, due... primo, secondo... entrambi...)
- **INTERROGATIVO ed ESCLAMATIVO** (chi, che, quale, quanto... ? / !)
- **RELATIVO** (il quale, che, cui, chi...) — serve a → unire tra loro due proposizioni

IL VERBO

è la parte del discorso che indica un'azione compiuta o subita dal soggetto, oppure uno stato d'animo, un modo di essere del soggetto

- MODO
  - **finito:**
    - indicativo (Io *parlo*)
    - congiuntivo (Voglio che tu *parli*)
    - condizionale (*Parlerei* meglio se...)
    - imperativo (*Parla*!)
  - **indefinito:**
    - infinito (*parlare* - *avere parlato*)
    - participio (*parlante* - *parlato*)
    - gerundio (*parlando* - *avendo parlato*)
- TEMPO (presente, passato, futuro)
  - **semplice** (Io *leggo*)
  - **composto** (Io *ho letto*)
- PERSONA → **I**, **II** e **III** persona
- NUMERO
  - **singolare**
  - **plurale**
- può essere
  - **transitivo:** l'azione "transita", passa su un oggetto (Anna mangia *una mela*)
  - **intransitivo:** l'azione non "transita" su un oggetto (Anna corre)
- può avere FORMA
  - **attiva:** il soggetto compie un'azione (Laura lava il cane)
  - **passiva:** il soggetto subisce un'azione (Il cane è lavato da Laura) — solo con → i verbi **transitivi**
  - **riflessiva:** l'azione del soggetto ricade sul soggetto stesso →
    - riflessivo proprio (Laura si lava = Laura lava *se stessa*)
    - riflessivo reciproco (Laura e Marco si salutano)
    - riflessivo apparente (Laura si lava le mani = Laura lava le mani *a se stessa*)

LA FRASE

ha come elementi fondamentali

SOGGETTO

l'animale, la cosa o la persona di cui si parla nella frase e di cui il predicato ci dice qualcosa

può essere

- espresso
- sottinteso

PREDICATO

esprime una condizione, una qualità, uno stato d'animo del soggetto o un'azione da lui compiuta o subita

può essere

VERBALE: è costituito da un verbo (Anna canta)

NOMINALE: è formato da verbo essere + aggettivo o nome
(**copula**) (**parte nominale**)
(Anna è simpatica / un'insegnante)

COMPLEMENTO OGGETTO

indica la persona, l'animale, la cosa su cui ricade l'azione espressa dal verbo → Luca mangia una mela

risponde alla domanda **chi? che cosa?** (posta dopo il predicato)

Il **complemento oggetto partitivo** non è altro che un complemento oggetto preceduto da un articolo partitivo.
(Luca mangia dei biscotti)

COMPLEMENTO PREDICATIVO DEL SOGGETTO

è un nome o un aggettivo che completa il significato del predicato dicendo qualcosa in più sul soggetto

è retto da

- i verbi **sembrare**, **diventare**... → alla forma ATTIVA → Marco (sogg.) è diventato capoclasse
- **verbi appellativi** (chiamare, soprannominare...)
- **verbi elettivi** (scegliere, eleggere, nominare...)
- **verbi estimativi** (giudicare, ritenere, considerare...)
- **verbi effettivi** (rendere, far diventare...)

→ alla forma PASSIVA → Marco (sogg.) è stato eletto capoclasse

COMPLEMENTO PREDICATIVO DELL'OGGETTO

è un nome o un aggettivo che completa il significato del predicato dicendo qualcosa in più sul complemento oggetto

è retto da verbi appellativi, elettivi, estimativi, effettivi → alla forma ATTIVA → I compagni hanno eletto Marco (c. ogg.) capoclasse

COMPLEMENTO	INDICA...	RISPONDE ALLA DOMANDA...	ESEMPI
AGENTE CAUSA EFFICIENTE	chi / che cosa compie l'azione espressa da un verbo alla forma passiva	da parte di chi? a opera di chi / che cosa?	• Sono stato ripreso dal professore • La spiaggia è battuta dal vento
SPECIFICAZIONE	specifica meglio il significato di un nome, un aggettivo...	di chi? di che cosa?	• Quello è il cane dei nonni • Sono goloso di gelato
PARTITIVO	indica l'insieme di cui fa parte l'elemento che si considera	tra chi? tra che cosa?	• Alcuni degli (= tra gli) studenti non sono venuti a scuola
TERMINE	indica la persona, l'animale o la cosa a cui è destinata (su cui ricade) l'azione espressa dal verbo	a chi? a che cosa?	• Ho scritto una lettera a Giulia • Le ho scritto una lettera
CAUSA	indica il motivo, la causa dell'azione espressa dal verbo	a causa di chi / che cosa? per quale motivo?	• Sono arrivato tardi per il traffico • Col caldo, si è sciolto tutto il gelato • Piangevo dalla gioia / di gioia • A quelle parole quasi svenne
FINE	indica lo scopo per cui si compie un'azione o la funzione di un oggetto	per quale scopo?	• Hai preso i biglietti per il viaggio? • Ho perso gli occhiali da sole • Ho ricevuto in premio una coppa • Li ho invitati a cena
STATO IN LUOGO	indica il luogo in cui avviene un'azione, si verifica un fatto o si trova una persona o un oggetto	dove? in quale luogo?	• Marco non è in casa: rimani qui con me? • Io abito a Milano, proprio vicino al Duomo
MOTO A LUOGO	indica il luogo verso cui qualcuno o qualcosa è diretto	dove? verso quale luogo?	• Viola è andata al cinema; puoi raggiungerla là • Il treno viaggiava in direzione di Livorno
MOTO DA LUOGO	indica il luogo da cui qualcuno o qualcosa proviene	da dove? da quale luogo?	• Da dove arrivi? • Sto tornando dal cinema
MOTO PER LUOGO	indica il luogo attraverso cui qualcuno o qualcosa passa o si muove	per dove? attraverso quale luogo?	• Mario passa per il bosco? • No, non ci passa mai
MODO	indica il modo in cui si compie un'azione o si verifica un fatto	come? in che modo?	• Il gatto si muove con eleganza • Scusa, sono di fretta • Va tutto a rotoli! • Mangia in silenzio • Cammina rapidamente
MEZZO	indica lo strumento (persona, animale o cosa) attraverso cui si compie l'azione o avviene un fatto	per mezzo di chi / di che cosa?	• Andremo a Roma in treno • Fatima gioca con la palla • Ho contattato il medico attraverso l'associazione • Ho scritto a penna
TEMPO DETERMINATO	indica il momento in cui si svolge l'azione	quando? in quale momento?	• Ieri pomeriggio ho letto un libro • In serata pioverà
TEMPO CONTINUATO	indica il periodo di tempo per cui dura l'azione	per quanto tempo? da quanto tempo? in quanto tempo? fino a quando?	• Ho letto per tutto il pomeriggio • Non ti vedo da un anno

LE PROPOSIZIONI DI UN PERIODO

sono legate tra loro da **RAPPORTI** di

COORDINAZIONE: quando il rapporto con la frase a cui sono legate è **PARITARIO**

SUBORDINAZIONE: quando il rapporto con la frase a cui sono legate è di **DIPENDENZA**

SOGGETTIVA

ha la stessa funzione del soggetto nelle frasi semplici, cioè funge da **SOGGETTO della frase reggente**

- dipende da → **verbi o espressioni IMPERSONALI** (si dice, si pensa, è bene, è necessario, sembra, bisogna ecc...) →
  - *È utile* che voi facciate questo.
  - *Mi sembra* di essere invisibile.
- può essere
  - ESPLICITA con → congiunzione **CHE** + indicativo, congiuntivo o condizionale → È utile **che voi facciate questo**.
  - IMPLICITA con → infinito con o senza preposizione **DI** → Mi sembra **di essere invisibile**.

OGGETTIVA

ha la stessa funzione del complemento oggetto nelle frasi semplici, cioè funge da **COMPLEMENTO OGGETTO della frase reggente** → risponde alla domanda → **che cosa?** posta dopo la principale

- dipende da → verbi di:
  - affermazione
  - opinione
  - percezione
  - volontà
  - sentimento

  →
  - *Spero* **di riuscire a venire**.
  - Mara *ha notato* **che ero stanco**.
- può essere
  - ESPLICITA con → **che, come** + indicativo, congiuntivo o condizionale → Mara ha notato **che ero stanco**.
  - IMPLICITA con → preposizione **DI** o **A** + infinito → Spero **di riuscire a venire**.

DICHIARATIVA

dichiara, cioè spiega il significato di un elemento della reggente

- dipende da → **NOMI** o pronomi / aggettivi **DIMOSTRATIVI** →
  - Ho il *timore* di non farcela.
  - Sono sicuro di *questo*: che tu verrai.
- può essere
  - ESPLICITA con → congiunzione **CHE** (anche sottintesa) + indicativo, congiuntivo o condizionale →
    - Sono sicuro di questo: che tu verrai.
  - IMPLICITA con → preposizione **DI** (anche sottintesa) + infinito →
    - Ho il timore di non farcela.

INTERROGATIVA INDIRETTA

esprime una domanda in modo indiretto

- dipende da → verbi o nomi o aggettivi che esprimono **DOMANDA** o **DUBBIO** →
  - Mi *chiedo* se lui sappia questo.
  - *Non so* dove andare.
- può essere
  - ESPLICITA con → pronomi / aggettivi interrogativi, congiunzioni **perché**, **se**, **dove** ecc. + indicativo, congiuntivo o condizionale →
    - Mi chiedo se lui sappia questo.
  - IMPLICITA con → congiunzioni / pronomi / aggettivi interrogativi + infinito presente →
    - Non so dove andare.

RELATIVA

precisa o amplia il significato della reggente — tramite → un **PRONOME RELATIVO**

- può essere
  - ESPLICITA con → **pronome relativo** + indicativo, congiuntivo o condizionale →
    - Il treno che va a Milano parte alle 18.
  - IMPLICITA con →
    - participio presente o passato
    - **DA**, **A** + infinito

    →
    - Il quadro, raffigurante (= che raffigura) una giovane donna, è esposto al Louvre.

CAUSALE

esprime la **CAUSA** dell'azione espressa nella reggente

- risponde alla domanda → perché? per quale causa?
- può essere
  - **ESPLICITA** con → congiunzioni **poiché**, **perché**, **siccome**, dato che, visto che + modi finiti del verbo → • Vado a letto perché sono stanca.
  - **IMPLICITA** con →
    - per + infinito presente o passato
    - gerundio presente o passato
    - participio passato

    → • Essendo stanca, vado a letto.

FINALE

esprime lo **SCOPO** dell'azione espressa nella reggente

- risponde alla domanda → perché? a quale scopo?
- può essere
  - **ESPLICITA** con → congiunzioni **perché**, **affinché**, **che** + congiuntivo presente o passato → • Studio perché i miei voti migliorino.
  - **IMPLICITA** con → **per**, **a**, **di**, al fine / allo scopo di + infinito presente → • Studio per migliorare i miei voti.

CONSECUTIVA

esprime la **CONSEGUENZA** dell'azione espressa nella reggente

- risponde alla domanda → con quale conseguenza?
- può essere
  - **ESPLICITA** con → congiunzione **CHE** + modi finiti del verbo → • Aveva così freddo che tremava tutta.
  - **IMPLICITA** con → preposizioni **PER**, **DA** + infinito → • Aveva talmente freddo da tremare tutta.
- spesso è anticipata da → un **ANTECEDENTE** nella reggente → talmente, tanto, troppo, così, a tal punto ecc. → • Aveva talmente freddo da tremare tutta.

TEMPORALE

indica il **MOMENTO** in cui si svolge l'azione espressa nella reggente

- risponde alla domanda → quando?
- può essere
  - ESPLICITA con → **mentre**, **quando**, prima che, dopo che, allorché + indicativo o congiuntivo →
    - Mentre mangio, guardo la tv.
    - Prima che arrivassi, ho preparato la cena.
  - IMPLICITA con →
    - gerundio presente o passato
    - participio presente o passato
    - prima di + infinito presente o passato

    →
    - Andando a scuola ho incontrato Silvia.
    - Leggo un po' prima di dormire.

CONCESSIVA

indica la **circostanza NONOSTANTE LA QUALE** si verifica l'azione espressa nella reggente

- risponde alla domanda → malgrado / nonostante cosa?
- può essere
  - ESPLICITA con →
    - **anche se** + indicativo
    - **sebbene**, benché, quantunque, malgrado + congiuntivo

    →
    - Anche se sei intelligente, non devi crederti un genio.
    - Sebbene fosse tardi, uscimmo lo stesso.
  - IMPLICITA con →
    - **pur**, anche, sebbene + gerundio o participio
    - **manco a**, a costo di, neanche a + infinito

    →
    - Pur essendo di fretta, si fermò all'edicola.
    - L'ho visto ieri, manco a dirlo!

PERIODO IPOTETICO

può essere

- **PERIODO IPOTETICO DELLA REALTÀ**: esprime una condizione e una conseguenza che si verificano con **sicurezza** → ha il verbo al → modo **INDICATIVO** sia nella protasi sia nell'apodosi →
  - Se mangi troppo, starai male.
- **PERIODO IPOTETICO DELLA POSSIBILITÀ**: esprime una condizione e la sua conseguenza, che **potrebbero verificarsi** ma non ne siamo certi → ha il verbo al →
  - **CONGIUNTIVO** imperfetto nella protasi
  - **CONDIZIONALE** presente nell'apodosi

  →
  - Se lo cercassi, potresti trovare un lavoro migliore.
- **PERIODO IPOTETICO DELL'IRREALTÀ**: esprime una condizione e la sua conseguenza che **NON si possono verificare** perché irreali → ha il verbo al →
  - **CONGIUNTIVO** imperfetto o trapassato nella protasi
  - **CONDIZIONALE** presente o passato nell'apodosi

  →
  - Se fossi arrivato in tempo, non avresti perso il treno.
  - Se fossi un animale, vivrei nella giungla.

Progetto editoriale, progetto grafico e realizzazione: Elastico, Milano
Testi: Ilaria Rigoli
Referenze iconografiche: Shutterstock.com

ISBN 978-88-32227-13-0

Stampato in Italia da RG&C s.r.l., San Mauro (TO)